邂逅の紡ぐハーモニー

指揮者
小泉 和裕

中経マイウェイ新書 054

写真撮影／堀田力丸（提供／東京都交響楽団）

「プラハの春」国際音楽祭（東京都交響楽団チェコ&スロヴァキアツアー 2013年5月23日 スメタナホール）

目次

第3章　芸術文化への思い

第4章　自然と暮らす

第1章　指揮者への道

指揮者への道（1）

カラヤン国際指揮者コンクール最終審査の舞台に立ち、オーケストラを前にチャイコフスキーの幻想序曲『ロメオとジュリエット』を全身全霊で指揮しました。

東西分断の時代、旧ソ連からは国の威信をかけて既に多くのキャリアを積んだ指揮者が参加しており、第3回コンクールの今回こそは第1位をと、会場にも政治的な雰囲気が立ち込めていたそうです。

演奏が終わり歓声に振り向くと、会場は総立ちのスタンディングオベーション。第1位を頂いて踏み出したあの一歩が、今の自分へと続いています。

指揮者になろうと思ったきっかけは、やはり夢があったのでしょう。幸運にも指揮者をしており、苦労も多いのですが、少年時代に自分自身で決めた道ですので、一生頑張り通せると思います。

指揮者は、「どういう環境で、どんな先生に習ったか」がそのキャラクターを決定づけるものだと思います。当時は全国でも珍しい音楽科のある京都市立堀川高校に進み、ピアノと声楽を学びました。高校では、友人たちの合奏を指揮したり、先生に頼まれて合唱の授業で指揮をして、「なかなか上手だ」と仲間たちに褒められました。

そうした小さなきっかけが増幅して、本当に指揮者になりたいと思ったのが高校3年生の時でした。それまでは京都市交響楽団の演奏会に通い、レコードやテレビのベルリン・フィル来日コンサートなどを聴きながら指揮者になりたいという思いを膨らませていました。

写真撮影／ Takayuki Imai

筆者近影

指揮者への道（2）
恩師山田一雄先生

指揮者になりたいという思いから、後に京響（京都市交響楽団）音楽監督にもなられた山田一雄先生を訪ね、「弟子にしてください。指揮の勉強をさせてください」とお願いしました。前代未聞のことで先生は当惑されたようですが、最後には受け入れてくださり、１９６９年に東京藝術大学の指揮科に入学しました。

師事した山田先生は、明るく誰からも好かれ、周りを包み込むような魅力の持ち主でした。特徴的な指揮ぶりと人柄で、人を煙に巻くようなところもありました。指揮台から足を踏み外して客席に落ちたにもかかわらず、また何事もなかったかのように棒を振りながら舞台へ戻ったり。きっと柔道をされていたから受け身がお上手だったのかもしれません。とにかくいろんなエピソードがある方でした。もちろん大変厳しい面もありましたが、「音楽を愛している」「音楽があってこそ自分がいる」という思いがあふれ出ている方だった。棒の振り方にとどまらず、「指揮をする、音楽をするってこんなにも楽しいんだ」ということを、山田先生から教わった気がします。

指揮科の授業といっても、ピアノのように実際の楽器が目の前にあるわけではありません。学生を集めてオーケストラを編成し、初めて指揮をするのです。オーケストラは生きた人間の集団ですから、最初から思うようには動きません。「そうじゃないんだよ、君！」教えるときはとても怖い存在でしたが、それでも先生と一緒にいるだけで本当に心地良い、厳しいけれど魅力的な先生でした。ご自身の演奏会で多忙を極め、「リハーサルと演奏会を見て勉強しなさい」と言われました。完成品としての演奏会や録音だけでは、どんな過程を経て音楽ができてくるのか分かりません。どのように指示を出し、どう反応が返ってきて、いかに音楽が形づくられていくのかに接することが、とても勉強になりました。

指揮者という仕事は、自分で何かを見つけ出そうとする姿勢そのものにあると僕は考えています。はたから見れば、歩みは遅いかもしれないけれど、そういった積み重ねを経て熟していく。それこそが指揮者の一生ではないでしょうか。僕自身、まだまだこれからだと思っています。

写真撮影／木之下晃

山田一雄先生（左から２人目）ご夫妻と（右端は妻の雅美）

山田一雄先生と

指揮者への道（3）ベルリン留学

大学2年生の時に第2回民音国際指揮者コンクールが開催され、「これに通れば指揮者になれる」と思い、参加しました。「出るからには必ず優勝しなさい」と山田一雄先生に励まされ、その激励に応えようと必死に頑張りました。

初めてプロのオーケストラを前に夢中で指揮しました。その年のコンクールは、学生からプロまで100人以上が受けたと記憶しています。審査員には、桐朋学園大創設に尽力された齋藤秀雄先生、指揮者の朝比奈隆先生、そして山田一雄先生、若杉弘先生といったそうそうたる顔ぶれが並んでいました。

そんな中で賞を獲得できたことは本当にラッキーだったと思います。1位を伝えてくれた山田先生がホッとした表情をしていて、それがとてもうれしかった。受賞後のインタビューでは、「指揮者は自分自身の中に確固とした音楽があり、それで人を魅了すること。指揮者は人格的に優れていなければならないと思います」と答えていたそうです。20歳そこそこの若さで一体何を分かったつもりでいたのでしょうか。

最近のコンクールでは、1位受賞者を設けずに「該当者なし」とする傾向が見受けられます。そうした風潮を思うと少し寂しくも感じますが、当時のコンクールの世界には、可能性に満ちた人材を見つけたいという気風がみなぎっていたように思うのです。

1位受賞者には欧州留学の機会が与えられ、1972年秋、大学4年生の時にベルリン芸術大学へ留学しました。

自分の音楽の源泉はベルリン時代にあると思っています。当時の日本では、指揮の勉強をする環境があまりありませんでした。ベートーヴェンの交響曲でさえ、生演奏を体験できる機会は少なかったですから。ベルリンでようやくベートーヴェンの交響曲全曲を聴いて、オーケストラとはこういう響きがするものだ、と体感することができました。ドイツではドイツ語を身につけることからの出発で、毎晩コンサートやオペラ通いをしました。カール・ベームら、今は亡き巨匠たちの指揮によるシューベルトの交響曲やワーグナーの『マイスタージンガー』など、歴史的名演の数々に天にも昇る感動を味わいました。

写真提供／Tokyo International Music Competition for Conducting

民音指揮者コンクールの審査員の方々（左から秋山和慶さん、若杉弘さん、大町陽一郎さん、森正さん、渡邉暁雄さん、山田一雄先生、金子登さん、朝比奈隆さん、齋藤秀雄さん）

コンクールの入賞者（左から筆者、尾高忠明さん、ジャック・ブルーマンさん、小林研一郎さん、井上道義さん、汐澤安彦さん、デイヴィット・ハウエルさん）

幼少期（1）

東京藝術大学への進学によって東京で暮らすことになったわけですが、東京で暮らすまでは、生まれてからずっと京都東山連峯の端にある稲荷山のふもとで育ちました。近くの小中学校へ通い、今から思えば恵まれた自然環境だったと思います。授業が終わると、毎日のように山に入って友だちと遊び、ソフトボールなどをして過ごしました。学んだ思い出よりも遊んだ思い出の方がはるかに多いのです。今の日本の子供たちとはずい分違うように思います。

僕は人一倍元気だったので、ボール遊びやマラソンでは必ず先頭に立っていました。なかでも野球が大好きでした。守ってはいつもピッチャーか三塁手で、そして打っては4番打者でした。当時のプロ野球・巨人の長嶋選手や王選手は僕たちの憧れで、そのスター選手のポジションと打順を競ったものでした。

その頃から体は細かったのですが、足と心臓は人並以上だったようです。体を動かすことが好きで、運動神経にも恵まれていたので、小さい頃は野球選手に憧れ、音楽家になるとは全く思いもしませんでした。

また、自然観察が大好きで、例えば木の芽の吹き出る様子などを細かくスケッチしていたのを今でも思い出します。よく山に入って栗の実を拾ったり山芋を掘ったりしていました。地図を見ることも好きで、世界の都市や半島の名前などを細かく覚え込んでは、友達と問題の出し合いをして遊びました。当時、家で犬を飼っていたので、今も犬が大好きです。現在は、妻と犬の「マーク」との三人家族です。

冬になると、小学生の頃から父と一緒に滋賀県の比良山地へスキーをしに行くのが楽しみでした。ヨーロッパでは冬場の演奏旅行の時などに、スイス・アルプスやフランスのシャモニーに立ち寄って、よくスキーを楽しみました。シャモニーではプロのアルピニストの方から誘われて、誰もいない新雪の山の頂上から二人で滑降しました。最高のスキー経験でしたが、さすがにちょっと怖かったです。子供の頃に自然の中に身を置いていたことが、僕の原点になっていると思います。

愛犬たちとスキーを楽しむ

愛犬のマークと（唐津の海で）

幼少期（2）

滋賀県の近江八幡で畳表を扱う家に生まれた父も、京都の商家育ちの母も、音楽とは特にかかわりがありませんでしたが、旧家育ちの父は子供の頃から謡を習っており、朗々とした良い声を常々聴かされていました。

僕も声が良かったらしく、学芸会や音楽の時間に人前で歌わされる機会も多かったので、それを見ていた両親が野球だけでなく音楽をさせてみるのもいいかもしれないと思ったのでしょう。京都市少年合唱団に入って歌うようになり、そのうちに音楽が本当に好きになるように気持ちが変化していきました。

中学校に入学してからは最初に野球部へ入りましたが、当時の音楽の先生から野球の応援で声がつぶれてしまったらもったいない、音楽をやりなさいと言われ、またピアノや音楽の基礎を熱心に指導してくださる先生と出会ったこともあり、音楽学校に行くことになりました。ピアノも1日5時間以上弾いていたと思います。そして高校は平安神宮の隣にある堀川音楽高校に入り、電車で通学しました。

小学生の頃、家族ぐるみでお付き合いのあった近所の方がクラシックレコードのコレクターで、そのお宅では、リヒャルト・シュトラウスの交響詩『死と変容』などなかなか聴く機会がない名曲や名演奏をいつも聴かせていただきました。今思うとこれがオーケストラ音楽への憧れを抱いた最初の感動体験です。

こうした経験もあって、お小遣いをためて初めて買ったチャイコフスキーの悲愴交響曲のレコードを、学校から帰ると毎日聴いていました。初めて生のオーケストラに触れたのは小学校の音楽鑑賞教室です。僕の音楽体験の原点です。

また、かつての京都会館で開かれた中学校の芸術鑑賞教室で、京都市交響楽団の演奏を聴きました。開館間もないコンサートホールで、生のオーケストラの響きが大きな空間いっぱいに広がっていくことに感動しました。指揮者やオーケストラを、実際に耳で聴き、目で観ることで、指揮者に関心を持ったのだと思います。子供の頃からの感動体験が「本物の学び」だったと実感しています。

雑誌の対談で撮影したポートレート

マエストロへの道（1）カラヤンさんの教え

「今回の優勝者は二人です」。〝楽壇の帝王〟と称されたヘルベルト・フォン・カラヤンがコンクールの覇者を決定した際に発した言葉は、このようなものだったそうです。カラヤンさんの教えは、第3回カラヤン国際指揮者コンクールで1位となったときから始まります。ベルリン芸術大学へ留学した翌年のことでした。

カラヤンさんから「あなたはすでに芸術家です。音楽の勉強は今の自分の思うままに進めればいいでしょう。しかし、指揮法の中で一つだけ覚えておくことがあります」と言って、最初の指導が始まりました。カラヤンさんからは、「指揮者になることには問題ありません。それよりもマエストロになることが大切で、とても難しいことなのだから、これからはマエストロになる勉強をしていきなさい」という教えを受けました。

カラヤンさんのそばで勉強できたことは大きな感動体験の一つです。音楽的な面でのサポートにとどまらず、マエストロのマネージャーをしていたユッカさんを僕にもつけてくれて、それにより本格的に演奏活動をスタートすることになりました。

コンクール入賞者披露演奏会の前日に、カラヤンさんから「ワーグナーの楽劇『トリスタンとイゾルデ』から〈前奏曲と愛の死〉を指揮しなさい」と告げられました。カラヤンさんが生涯にわたって大切にしていた重要な作品を課題として与えられたのです。

ついにベルリン・フィルを指揮する時がきて、演奏時間が4時間を超える大作の一部分を全力で演奏しました。客席の最前列中央にはカラヤンさんが座り、左右には各国の大使夫妻が並ばれていたことが記憶に残っています。

演奏後にはベルリン・フィルの名手たちから賛辞と励ましの言葉を頂き感激しました。特にオーボエの名手カール・シュタインツなどの方々が、「今日の演奏ではフルトヴェングラーを思い出したよ」と熱っぽく話されたのが思いがけなく、とても印象深かったことを覚えています。

カラヤン国際指揮者コンクール受賞記念コンサートで（左端がカラヤンさん）

カラヤンさんと握手を交わす

マエストロへの道（2）自信をくれたカラヤンさんの言葉

精力的にレコーディングを行ったことでも知られるカラヤンさんは、レコーディングの際に演奏を中断してはプレーバックを聴きに録音室へ行くのですが、ブラームスの交響曲第2番の2楽章を始めた時に、カラヤンさんが「代わって振りなさい」と言うので、僕が最初から指揮を始めました。いつものように録音室で聴いたらすぐに戻られると思っていましたが、そのまま僕が楽章の終わりまで指揮し、カラヤンさんが拍手をしながら客席の方から戻って来て、とても良かったと言ってくれました。若い頃にはとてもうれしいもので、心に響きました。

また、風邪気味のマエストロが、リハーサルの後に「明日のコンサートは振れないと思うから、あなたが代わりに指揮しなさい」と言われたのには驚きました。オーケストラの前で、「明日指揮ができない場合は小泉が代わりに指揮をする」とわざわざ話してくれたのです。万一の降板に備えて、大晦日の夜だというのに一晩中勉強し、暗譜し終えた頃にはもう3時でした。翌朝マエストロに電話して、風邪の具合を尋ねたら元気そうで、「これなら振れそうだ」との返事でした。多少はがっくりきましたが、それでもマエストロの心遣いはありがたいものでした。

僕が指揮したベルリン・フィルの二度目の定期演奏会には、カラヤンさんが聴きに来てくれました。マエストロが上階の関係者用のロイヤルボックスで聴いていると思うと格別な思いでした。そして翌日にはアドバイスまで頂きました。

カラヤンさんの指導からは、音楽的な面だけでなく、マエストロとしての心構えについても教えを受けました。まず、「滞在先はその街で一番のホテルを選ぶこと。健康のためにきちんとした食事をとること。最初の頃は無理でも、経済的には自分が支えるから、心配しないでそうするように」と。次に「批評は読まない、気にしない。私は批評が良かったことなどなかったのだから」。また、「マネージャーとの打ち合わせやスケジュールの調整は自分でせず、その間もそばで学びなさい」と、常に音楽の勉強を優先させてくれました。

ベルリンのアパート。最上階のワンフロアに住んでいた

マエストロへの道（3）カラヤンさんの思い出

ある日、カラヤンさんがストラヴィンスキーのバレエ音楽『春の祭典』を指揮された際に、リハーサルの後で僕を部屋に呼んでくれました。そして、楽譜を取り出して、「ここはこう振るんだ、この箇所はひとつに振ればいいんだ」と詳しく教えてくれました。

『春の祭典』は、複雑な変拍子と不規則なリズムの連続で、オーケストラのレパートリーのなかでも特に演奏の難しい曲として知られています。

実際にカラヤンさんが教えてくれた通りに指揮すると、楽譜に書いてある拍子で振るより大雑把ではあるけれど、オーケストラにとってはリズムが分かりやすく感じられるのです。カラヤンさんは単に拍子を取るというのではなく、音楽そのものを指揮しているのだと感じました。とても勉強になった思い出のひとつです。

こういった大曲だけでなく、カラヤンさんがベルリン・フィルのジルベスターコンサートで指揮する小品を聴くと、「こんなにも格調高く素晴らしい曲だったのか」といつも心が震えたものです。自分もそんな指揮者でありたいと思ったものですし、子供時代から親しんできた小品の魅力を伝えたいと長年思い続けてきました。

ベルリンでの生活も数年が過ぎ、日本から届く荷物は楽しみのひとつでした。ある時、妻の母が送ってくれた荷物が届きました。さっそく封を開けて中を見てみると、白いアーガイル模様の手編みのセーターが包まれており、「カラヤンさんに差し上げて」と手紙が入っていました。妻の母は編み物が趣味で僕たちも愛用していました。マエストロにプレゼントなんて、困ったなぁと思いいながらも、僕たちがお世話になっているカラヤンさんにお礼をしたいと編んでくれたことを想い、思い切ってカラヤンさんにセーターを渡して、「母の手編みです」と伝えました。良かった、受け取ってもらえた、とホッとしたのを思い出します。

しばらくしてコンサートで日本に帰国した際に分かったことですが、なんとカラヤンさんはセーターのお礼に、唐津の妻の実家まで電報を送ってくれていました。「スキーをするときに着ています」と。

取材で撮影したポートレート

マエストロへの道（4）進むべき道を確信

カラヤンさんは僕にリハーサルから全て見学するように指示し、ベルリン・フィルの練習やオーストリアのザルツブルク復活祭音楽祭など、あらゆる場面でオーケストラをどう創り上げていくかを全て見せてもらいました。音だけでなく、照明の一つ一つや色に対するこだわりまで徹底していました。ワーグナーの楽劇『ニュルンベルクのマイスタージンガー』では、本番前日の総稽古の後に、主役の衣装の色を変更するといったこともありました。そうすることで、本番ではより一層格調高い舞台となったのです。

僕はカラヤンさんが指示を与えていく姿を食い入るように見ていました。その様子をひと言で言えば「目の力」です。オーケストラがどんな反応をするか見極めながら、独特のオーラで伝えていきます。その迫力たるや言葉では言い表せませんが、あのオーケストラの創り方はカラヤンさんにしかできないと思います。今の僕があるのは、カラヤンさんのオーケストラの創り方を見てきたからだと言えます。

カラヤンさんは、オペラやコンサートの映像化も発案から手がけ、何もかも自身で行う完璧主義者であり、若い音楽家の経験になればといつも気にかけ、全てに触れさせ、学ばせてくれました。指揮者の動きは音楽そのものであると し、音楽のイメージを明快に伝え、奏者に対する祈りに似た切なる願いと信頼とともにステージに立っていました。

東京で学んだこと、ベルリンでさまざまな体験を通して得たことを基に、音楽の道を一生進んでいきたいとの確信を持ちました。それは、カラヤンさんに指導を受けた頃から今もずっと変わらないことです。

その後、75年にベルリン・フィルの定期演奏会を、76年にザルツブルク音楽祭でウィーン・フィルを指揮、ミュンヘン・フィル、バイエルン放送響、ロイヤル・フィル、シカゴ響、ボストン響などに客演するなど、ヨーロッパを中心に活動を広げました。

日本では、小澤征爾さんに託されて新日本フィルハーモニー交響楽団の初代音楽監督となり、ヨーロッパと日本を行ったり来たりの生活となりました。

1976年ザルツブルク音楽祭で
（左から筆者、ベルリン・フィルヴァイオリン奏者の安永徹、指揮者の小澤征爾、ベルリン・フィルヴィオラ奏者の土屋邦雄）

アルトゥール・ルービンシュタイン

共演した巨匠の方々からいただいた教えは、一生心に刻まれるものになりました。特に思い出深いのは、シャンゼリゼ劇場でフランス国立管弦楽団を指揮した際にピアニストのアルトゥール・ルービンシュタインさんと共に演奏したときの出来事です。

共演当時、ルービンシュタインさんは89歳、僕は26歳でした。あいさつに伺おうと会場に入られるのを待っていると、ご自身から僕の楽屋を訪ねて来られ、「あなたと共演できて光栄に思う」とあいさつされ、親しくお話ししていただきました。「若い指揮者でさぞかし緊張しているだろう」「声をかけてやることで少しでも本領が発揮できれば」という親心だったのではないでしょうか。

公演当日のゲネプロでは、オーケストラのメンバーの前で僕を丁寧に紹介してくれ、「実は今回が私の最後のステージです。孫のような若いマエストロとの共演で最後を飾れます」と語ってくれました。視力が低下していたルービンシュタインさんは、一人で演奏するリサイタルはできるけれど、コンチェルトでオーケストラと演奏するのは今日で最後と決めておられたのです。

本番前、ルービンシュタインさんは僕にヘアスプレーを手渡し、「演奏の前にピアノの鍵盤にこれを吹き付けてほしい」と言われました。指先が乾くので、指が鍵盤で滑ってしまうことへの対策でした。象牙の鍵盤にヘアスプレーを吹きかけたのは、後にも先にもこの時以外にありません。ルービンシュタインさんは視力が衰えていてもそれを感じさせず、力強くブリリアントな音色で、アンコールのショパンまでミスタッチひとつなく最高の演奏でした。

「オーケストラとの共演はこれで最後ですが、リサイタルなら家で弾くようなもの。次の曲が何なのか忘れることがあっても舞台袖で言ってくれれば、リサイタルはいつでもやりますよ」とおっしゃったルービンシュタインさん。楽屋へ出向いて声を掛けてくださり、僕のことを「孫のような」と言って紹介してくれた巨匠の愛情に感動し、一生忘れない経験となりました。

この頃は毎週シャンゼリゼ劇場でのコンサートが続いており、翌週はルービンシュタインさんの愛弟子で、コンクールに優勝したばかりの若手ピアニストがソリストでした。同じピアノ、同じホールでの演奏でしたが、その音自体が音量も音色も遥かに及ばないものだったのです。名手（マエストロ）の演奏から、本当に素晴らしい音楽は身体性を超えた情熱から生まれることに気付かされました。ルービンシュタインさんの内面からはカラヤンさんと同じ炎が燃えていました！　重ねて貴重な体験です。

アルトゥール・ルービンシュタインさんと

ミラベル宮殿での結婚式

ベルリン留学の直後に、住居を契約するのに結婚証明書が必要ということで、妻と二人でベルリンの日本領事館へ手続きに向かいました。手続きといっても書類にサインするだけだったので、入国以来お世話になっている領事館の桑田さんに、「なんだかあっけないですが、お二人の婚姻手続きはこれで整いました。ご結婚おめでとうございます」と言葉を掛けられ、本当に簡単なんだと思ったものです。

ザルツブルク復活祭音楽祭で毎年春に1カ月間ほど滞在する間に、「ザルツブルクを舞台にしてお二人の結婚式を企画させてほしい」とオーストリア観光協会から提案があり、お受けすることになりました。ベルリン・フィルのヴィオラ奏者の土屋さんご夫妻を媒酌人に、ザルツブルクの中心にあるミラベル宮殿で結婚式が行われました。

ミラベル宮殿は、映画『サウンド・オブ・ミュージック』のなかで『ドレミの歌』が歌われた場所として知られています。庭園や花壇には植物が美しく植えられており、「天使の階段」やモーツァルトもそこで演奏したと伝えられている「大理石の間」など、宮殿内の装飾はまばゆいばかりでした。

民族衣装でチターを奏でる若い女性たちに囲まれ、宮殿を出ると白い馬車に乗って街をまわり、街の方のお祝いの声を受けながら、郊外のアニフにある湖上のお城へ向かいました。

ちょうど音楽祭のために訪れていたＮＨＫプロデューサーの福原信夫さんがいらして、式の全てを録音し、皆さんにインタビューもしてくださいました。カメラマンが次々と記念写真を撮影したのですが、かなり時がたってから、オーボエ奏者で友人の宮本文昭さんのご自宅で、その時と同じ庭園での記念写真を見つけたときは驚きました。宮本さんご夫妻もミラベル宮殿で結婚式を挙げていたのです。

実は、後になって分かったのですが、オーストリア観光協会と日本航空がタイアップして企画した「ミラベル宮殿での挙式」の初回例として紹介されていたようです。全て周りの方々が演出してくださったおかげで、思いもよらない結婚式が実現し、本当にありがたく思いました。

ミラベル宮殿で行われた結婚式

アニフの湖で

第2章　オーケストラとの信頼関係

伝道師としての指揮者

指揮者の仕事は、たとえるなら「伝道師」といったところでしょうか。作曲家がしたためた楽譜から、彼らが表現したいことを正確に読み取り、正確に伝えることが使命なのだと思います。

伝道師の語り口によって伝わり方は変わるでしょうが、個人的な解釈でその意図を曲げることはあってはいけません。クレッシェンドやアクセント一つとっても、楽譜にないことはやりません。作曲家の感性を真に理解し、作曲家が想い描いた音楽を忠実に表現することが大切だと思っています。そしてもちろん、譜面の「棒読み」ではなく、感情の起伏や込められた思いが明確に伝わる演奏でなければなりません。

指揮台に立つとき、僕はいつもベートーヴェンやブラームスなどの偉大な作曲家が頭上にいて、彼らと共鳴するような感覚があります。楽譜を勉強することは、作曲家が何を考えているのかを探し当てていくことです。どのようなイメージを抱いて音符を記したのかを考えます。「この部分はどう音楽が流れていくのか」「ここではどれくらい間を取るのか」「この音はどんな風合いで、強さはどれくらいか」。そういうことをすくい取りながら楽譜を見つめています。作曲家がどうしたかったのかが全てです。自分がこう表現したいということではありません。作曲家のイメージに自分のイメージを重ね合わせていくのです。それが本来のスタイルだと思います。

そして、僕は基本的に楽譜を見て指揮はしません。自分の中に取り込んだ音楽を直接に発信していることが重要だと思うからです。音楽との関係がストレートでありたい。オーケストラとの間に何かを介したくないのです。

楽譜を見ないことで適度な緊張が生まれ、良い演奏につながります。それでも必要以上の緊張感を与えてはなりません。音楽のあるべき姿を明確にイメージするために、長大で複雑な作品でも完璧に暗譜して徹底的に勉強します。

写真撮影／三好英輔

作曲家のイメージに自分のイメージを重ね合わせていく

オーケストラとの信頼関係（1）
互いへの信頼と厳しさが音楽を磨いてくれた

僕が若い頃、あるオーケストラの楽員が話してくれたことがあります。指揮者がどんな風に現れて、コンサートマスターとどう握手し、どんな表情で「おはようございます」と言うか。たったそれだけで、どんな指揮者か自分たちには大体分かるのだと。ほほう、そういうものかと思いました。指揮者とは、人間性も音楽の理解という点においても、オーケストラの皆に何もかも見透かされていて、そのうえで「この人と一緒に音楽を作ろう」と思わせる存在でなければならないのです。

そのためには、常に新しい目で演奏曲目を掘り下げ、全力で取り組むことが大切です。演奏するオーケストラのメンバーは、それを敏感に感じとって、全員が各人全力で気持ちの入ったいい演奏をしてくれる。いいオーケストラと仕事をした時に、そのオーケストラの持つ圧力に負けるのではなく、そういう時こそ能力を出せるといった指揮者でなければ意味がありません。自分が持っているものを全部出し切れる能力、そういった強い人間性にもっていかなければいけないですから、その機会は多いほうがいい。年間のスケジュールにチャレンジできるプログラムを組んで、日々勉強し、成長し続けなければならないと思います。

オーケストラと向き合うたびに、お互いがどれだけ成長したかを、プロフェッショナル同士厳しく見定めてきました。信頼し合っているからこそ、そこには緊張感も存在するのです。

ただ、近年は、その緊張感すら超えて、気持ちが随分と楽になってきた気もします。オーケストラとの関係が、また新たな段階に来たのかもしれません。

前回より上へ、その次はさらに上へと、理想の音楽を目指して進んできました。

そして、オーケストラが本来持つ以上の力を引き出せた時、観客を含めたホール全体が充実感と幸福感に包まれる。指揮者として至福の瞬間です。

写真撮影／堀田力丸（提供／東京都交響楽団）

コンサートマスター（東京都交響楽団 矢部達哉）
と握手を交わす

終演後は楽員と声を掛け合う（東京都交響楽団
ティンパニ＆打楽器 首席奏者 安藤芳広と）

オーケストラとの信頼関係（2）個性を引き出し育てる

指揮者はオーケストラから指揮する機会を与えられて、初めて仕事の場所が得られる特殊な存在です。どんなポストについてみたいとか、どこで指揮をしたいとか考えることは、あまり意味のないことだと思います。それよりも、オーケストラの前に立ち、そこで何を一番初めにしなければいけないかを考えるべきです。

指揮者はこんな音がほしい、こんな表現をさせてみたい、と自分の考え、理想をオーケストラに要求し、強いていては発展がないと思います。オーケストラから出てきた音に耳を傾け、その響きならば、どんな方向に手を入れ、目を向けさせることでオーケストラそのものが良くなるのかを判断しなければなりません。オーケストラにとって本当に必要なことを示唆し、育てることで、僕自身が目ざす音楽のあるべき姿に迫ることができます。

オーケストラによってもパワーや持ち味が違いますから、このオーケストラの良いところは何か、演奏者たちの特徴をどうまとめたら彼らの良さが引き出せるのか。それを見極めることが指揮者の一番の仕事であり、力を発揮するところだと思います。

そして、特徴を魅力につなげるためには、そのオーケストラが持つ個性を引き出す練習方法を、指揮者である僕が考えて彼らに示すことです。思いを持って丁寧に伝えれば、必ずそれは分かってくれるはず。指揮者は指揮棒を振っているだけが仕事ではないのです。

オーケストラには実にさまざまな楽器があります。なかには、指揮者からの指示が少ないパートもありますが、あえてそのパートを中心に指導することで、オーケストラ全体に自分の気持ちが伝わる効果があるように思います。もちろん、オーケストラの中心的な演奏者に注文を出すことも、同様です。貴重な練習時間の中で、瞬時に、今、誰にメッセージを伝えることが効果的なのかを見極め、実行する。そして、最も大切なのは、僕の指導や気持ちを受け入れてくれ、それができた時にはきちんと感謝すること。「ありがとう」と言葉にして伝えます。

写真撮影／中川幸作（提供／名古屋フィルハーモニー交響楽団）

和やかに進むリハーサル。時には笑いが起こることも

オーケストラとの信頼関係（3）きずなの上に響くシンフォニー

いい加減という意味では決してなく、どんな音楽になるべきかが理解できれば、リハーサルでは90％の仕上げにとどめます。全てを創り込んでしまうと演奏が窮屈になり、新鮮さが失われてしまうからです。90％というのは何か別の可能性に対して許される小さな余裕です。１００％まで追い詰めないことでかえって緊張感が持続され、音楽の可能性が想像した以上に大きなものになるのです。演奏のたびにオーケストラから教えられます。

どれほど作品を自分のものにしていても、オーケストラを前にして気づかされ、学ぶことがあり、可能性が広がっていきます。それだから僕が奏でようとしている音楽は、僕だけが生み出したものではなく、オーケストラの皆さんの音楽でもあるのです。そうして僕は、あるべき音楽へと少しずつ進んでくることができました。

国や人種が違っても、音楽を創りたいという目的は皆同じです。世界中どこの国でも演奏できるのは、共通言語が音楽だからです。大切なのは、お互いにリスペクトができるかどうか。演奏者が持っている技術を指揮者が尊敬して、みんなで良い音を創り上げようとする気持ちが一つになった時、一期一会の素晴らしいシンフォニーが生まれます。

本物は時間をかけてしか生まれてこない。オーケストラと指揮者の関係は一朝一夕のうちにできあがるものではありません。まず、人は一人で生きるものではありません。人と人とのつながりのうちに生きていくのです。音楽は、そんな人間同士のつながり、きずなの上で成り立ち、美しく響き合うのです。オーケストラの響きが指揮者の胸に響き、さらにその先の響きを求めようとする。

お互いの可能性を引き出しあうのです。そこに聴衆が共鳴して音楽がどんどん大きく、美しいものになっていく。それが自然と一体になることであり、オーケストラの醍醐味(だいごみ)です。

写真撮影／堀田力丸（提供／東京都交響楽団）

最終リハーサル（ゲネプロ）の様子

音楽監督の役割

客演で多くのオーケストラを振るということも、指揮者としてとても勉強になりますが、音楽監督のポストをもつことでこそ得られる経験もあるのです。自分のオーケストラをもってはじめて、指揮者として一人前に見られると言っても良いでしょう。また、自分自身にとってみても、責任感がまるで違います。だから成長するためには、やはり自分のオーケストラをもたなくてはならないと思います。指揮者というのは自分のオーケストラからいろいろなことを学ぶのです。

現在は、名古屋フィルハーモニー交響楽団と、九州交響楽団の音楽監督を務めていますが、音楽監督というのはオーケストラの演奏水準を高める一番の責任者です。年間の演奏会のうち全てを指揮するわけではありませんが、音楽監督として全体に責任を持ち、大事な自主公演である定期演奏会で、オーケストラが実力を出せるということに結び付けたいと思っています。オーケストラが持っている潜在能力、「自分たちはこんなことができたのか」と、楽員に認識して欲しいと思っています。そのためには、僕にその潜在能力を引き出す力がないと駄目です。このオーケストラをもっと高いレベルの音楽へ導くことが、音楽監督である僕の一番の仕事だと思います。

音楽監督の仕事としては、年間のプログラムを決めるのも大事なことで、自主公演の年間のプログラムは、オーケストラの事務局と相談しながら決めていきます。また、客演指揮者を誰にするか、どういうソリストを呼ぶのか、これを最終的に決めるのも音楽監督ですし、オーケストラの人事についての難しい仕事もあります。音楽監督は会社経営と同じで、中長期的に計画を立てていかねばなりません。オーケストラはまさしく現場主義ですから、音楽監督は演奏だけでなく、予算に関することや、楽員のオーディションまで全てに関わっています。現場を知らなければ務まりませんし、信頼してもらえません。中部電力相談役で中部経済連合会の水野明久会長が、対談のために飛騨古川の僕の家を訪れた際に、経営トップと指揮者の共通使命についてゆっくりとお話しできたことは大変有意義でした。

中部経済連合会の水野明久会長（中部電力相談役）と飛騨古川の自宅にて

カナダ・ウィニペグ交響楽団時代（1）

カナダ中部のウィニペグ交響楽団で音楽監督に迎えられたのが33歳の時です。カナダのオーケストラでは年間の出演者や演目を選定するなど幅広い権限があり、収穫がたくさんありました。

ウィニペグ響での印象的なプログラムを挙げると、たとえばベートーヴェンの「第九」を年の暮れに演奏したら、ものすごく喜ばれました。「第九」は日本では馴染みのある作品ですが、海外では演奏機会がごくまれです。やはりこの交響曲は誰もが聴きたいのですね。マイナス20度や30度という寒さのなか、皆さん会場まで足を運ばれ、2回公演したのですが、どちらも満員でした。

カナダの若い演奏家や作曲家の作品を紹介した定期演奏会も、喜ばれたもののひとつです。僕の契約には、プログラムのなかに何曲かカナダの作曲家や演奏家を取り上げる、という項目がありましたが、これはウィニペグ響の音楽監督としては当然の配慮であり、また義務だと思います。自分の好きな作品ばかりではなく、聴き手の好みやその国の音楽界のことを十分に考慮しなければなりません。

カナダの聴衆は日本にとても興味を持っており、武満徹の『夢窓』など日本に関係した曲を集めたプログラムでは、このような趣旨の企画に対して関心を持って聴いてくれました。その時の演奏会では、ホールのロビーに日本の生け花を飾り、ステージには盆栽を置いて、休憩時間にはお茶席を設け、和菓子と抹茶を振る舞っていました。初めて日本の文化に接する人々にも大好評で、「お香」をたきながら演奏するマリー・シェーファーの『香を聞く』は、想像を超える大変な好感をもって受け入れられました。

この作品は京都信用金庫の委嘱作で、当時の京都信用金庫理事長の榊田喜四夫さんは京響の支援者であり、京都での心強い存在として僕も大変お世話になりました。『香を聞く』は、日本文化を体験して感動されたものをもとに作曲してほしいと榊田さんが作曲家に依頼されたことで生まれた作品です。この作品が海外で演奏されることを榊田さんが願っておられたことを想い、作曲家の母国であるカナダでこの作品を演奏することを思い立ち、ウィニペグ響のコンサートで取りあげました。

KOIZUMI

One Great Season Deserves Another

"Koizumi leads the WSO to dazzling heights."

A brilliant young conductor . . . an inspired orchestra . . . exciting programs. The celebration continues . . . don't miss it!

Last year was the WSO's most successful season ever! In his first year Maestro Kazuhiro Koizumi and our renowned musicians drew rave reviews that included such superlatives as "vibrant", "splendid" and "magical". The excitement continues this season with an outstanding selection of classical and popular music - plus an impressive array of guest artists. Be part of the magic. Discover for yourself the glorious sounds of the WSO - Live!

Kazuhiro Koizumi

It is hard to believe that only one year ago I began my appointment as Music Director of the W.S.O. — hard to believe because of the wealth of experiences shared by us all in just one season.

The excitement of Brahms and Beethoven in our opening Gala Concert, the powerful performance of pianist Mark Zeltser in the du Maurier Musically Speaking series (Mr. Zeltser will be one featured soloist in the 1984/85 Gala Concert), and the overwhelming popularity of the Family Pops, The Seagram Pops, and Concerts For Kids series, are just a sampling of the many events that have made this season a truly memorable one.

Most gratifying, however, has been the significant growth in our Masterworks audiences. As well, with the encouragement of your support in all our series, in this past year I have seen our orchestra develop and achieve new heights in artistic excellence.

The 1984/85 Season promises further artistic success and continued excitement. As you explore the following pages outlining the upcoming Season's series, programming and guest performers, I know that great artists such as Janina Fialkowska, Malcolm Frager, Yo Yo Ma, and Dylana Jenson will arouse eager anticipation in you just as they do in me.

Programming includes not only favorites such as Beethoven's Third Symphony (Eroica) and Holst's The Planets, but also inspiring W.S.O. premiere performances of Vivaldi's The Four Seasons, Takemitsu's Requiem for Strings and Ravel's Daphnis et Chloë (complete).

I'm very pleased that in my first Season with the W.S.O. more Winnipeggers joined us than ever before. I encourage you not to be left out in 1984/85 — subscribe early and join us for another great season of music.

Kazuhiro Koizumi
Music Director

ウィニペグ響のコンサートプログラム

カナダ・ウィニペグ交響楽団時代（２）

『香を聞く』は、カナダを代表する現代音楽の作曲家マリー・シェーファーさんが京都を訪れた際に、観桜を兼ねた香席に呼ばれ、美しい自然に溶け込んだ香道の世界に魅せられたことで書かれた作品です。

この作品では演奏に先立って「聞香」を行うので、この演奏会のために中里太郎右衛門窯で唐津焼の香炉を焼いていただき、また、御家流香道の宗匠の谷川ちぐささんに大変希少な香木もたくさんご用意いただきました。友人でもある谷川ちぐささんには出演をお願いし、カナダへお呼びしました。全て日本人の方々の寄附と協力があって実現したものです。皆さん着物で演奏会に出席され、舞台前面に敷かれた緋毛氈（フェルト）や盆栽の五葉松が目にも鮮やかでした。

作品の冒頭は香道のお手前から始まります。谷川ちぐさ宗匠の横には、僕とオーケストラの首席奏者が横一列に正座しています。宗匠の手により伽羅がたかれて香りが立ちのぼると、僕に香炉が手渡されました。それを合図に、首席奏者はそれぞれの香炉を手にしてゆっくりと香を聞きました。それを終えると、僕は指揮台へ、首席奏者はそれぞれのパートへ香炉を持ち帰り、メンバーの手から手へ香炉が手渡されていきます。

コンサートホールの通路にも香炉が置かれ、ほのかな香りが音楽とともに聴衆を包みました。地元の新聞やテレビでは、「音と香の妙なるハーモニー」や、「日本の伝統文化の形式を伴った音楽芸術」との評価を頂いたそうです。文化的な面からもっと日本と日本人を世界に紹介し、理解してもらうことが必要だと常々感じていたので、僕にとってもうれしい思い出です。

この時にすっかり伽羅の香りに魅了されて今に至ります。滞在先のホテルなどで伽羅をたくと、たちどころに部屋の空気が変わるのです。香道では、香りを「かぐ」とはいわず「聞く」と表現します。香は聞く、味は見るなど、五感全てを使って深く味わうという日本の伝統が実感できる表現です。また、その味わいを五味（酸、苦、甘、辛、鹹）で表しますが、これは音色にも通じるものです。僕は昔からリハーサルで、求めている音色をオーケストラに伝える時に、「利き酒用語」から引用して、微妙な味わいを表現する言葉を使っていました。音色も五感を総動員して味わうという点で共通しているのです。また、その上に香道や音楽は第六感の働きを認めているのだと思います。

御家流宗匠の谷川ちぐささんと（左から２人目）

ウィニペグ響時代にお世話になった米国の穀物メジャー「カーギルカナダ」の社長ご夫妻と

自家製ワインづくり

長年、ワインづくりに興味があったのですが、ウィニペグ交響楽団の音楽監督をしていたときに、カナダでは自家製ワインを造れると知って挑戦することにしました。オーケストラのヴィオラ奏者にギリシャのワイナリーの方がいて、さっそく相談すると、すぐに一緒に造ってくれることになったのです。

カリフォルニアのブドウ園からトラックで大量のブドウが届き、大きな樽に仕込みを終えたら、あとは毎日、リハーサルから帰ると大きな櫂（かい）で上下を混ぜるのです。自然に発酵が始まると温かくなり、ブドウの皮がブクブクと膨れ上がってきます。楽しい時です。大きな袋を吊るして漉（こ）した後は、木樽や大瓶で熟成を待ちます。専用の瓶とコルクは売っていますから、ボトリングも自分でやりました。これがまた楽しいんです。ラベルは和紙で作り、「太郎ワイン」

としました。あとは飲むだけです。

自家製ワインは一人300本まで造れますので、家では500本近くを造り、地下の囲炉裏の近くにボトルをずらりと並べました。1984年から毎年造っていましたが、このワインづくりは自然そのままで、添加物を一切入れないナチュラルワインであるところがみそです。ただ、1回目の上澄みをボトルにとった後、砂糖と水を加えることはします。こうすると、もう一度醸酵して、新しくワインが出来上がります。もっとも最初のワインがやはりいちばんおいしい。ピュアというか、コクがあって。その代わりアルコール度数も高いので大抵の人は見事に酔っぱらってしまいます。

ウィニペグ響のメンバー全員を自宅に招待してパーティーを開いた際には、このワインが大活躍しました。皆さん夫婦そろって参加されるので、総勢150人以上が集まりました。僕は囲炉裏で焼き鳥を、トロントから来てくれた友人の大将はカウンターですしを握り、さらに日本人の友人や知人はいろいろな料理を担当してと、大変なにぎわいです。ワインの栓がどんどん開けられていきました。

ウィニペグの自宅地下に造った囲炉裏を囲んで。ピアニスト クリスティーナ・オルティーズ（手前）他と

自宅に残っていた1985年の「太郎ワイン」

アイザック・スターン

イスラエルはこれまでに3度訪れました。エルサレムに滞在した際は、旧市街近郊にある芸術家のためのホテル「ミシュケノット・シャアナニム」に滞在し、石造りの建物はまるでタイムスリップしたかのようでした。高台にあるホテルのテラスからは、嘆きの壁や聖墳墓教会、岩のドームなどの聖地を一望でき、聖都の全てを訪れるなど素晴らしい体験をしました。

3度目の訪問は、1991年4月中旬から5月にかけて、テルアビブに滞在しました。湾岸戦争の直後でもあり、飛行機のチェックは厳重でした。これでは爆弾を仕掛けるのもハイジャックも到底無理だと感じ、逆に安心して機内に入りました。空港で迎えの車に乗り込むと、まだ防毒マスクが載せてありました。イスラエル軍総本部やパトリオットの基地の横を通り、同乗していたオーケストラのマネージャーの話を聞きながらホテルへ向かいました。

ユダヤ系のヴァイオリニストであるアイザック・スターンは、戦争によってコンサートが開けないことを憂えて、湾岸戦争のさなかに入国しテルアビブでリサイタルを行ったそうです。期待とともに来場した聴衆は皆、いつ来るかわからない攻撃の脅威に備えて防毒マスクをつけており、その異様な客席の様子に反して、スターンは防毒マスクをつけずにステージに登場。演奏が始まると、その音色に感動した聴衆は次々と防毒マスクを外して音楽を心から楽しんだそうです。スターンの音楽家としての覚悟と決意に感動しました。

その後、スターンさんとは日本やカナダで共演の機会がありました。事前の打ち合わせもホテルで時間をかけて丁寧に行いましたが、器の大きな人物で、しかも親しみやすい方でした。スターンさんの演奏は、巨匠としての格と独特のオーラを感じさせるもので、その音楽観に心服しました。オーケストラの前で、「私はこの後アメリカ各地を演奏して回るけれど、これ以上の共演はあり得ないと確信しています！　ありがとう」と言ってくれたことが印象深く、うれしいことでした。

スターンさんはプライベートでも本当に親切な方で、妻のヴァイオリンを試奏された際には、１６００年代のアマティ作の楽器でこれだけの音が出るのは素晴らしいとおっしゃって、懇意にされていた楽器商の「ジャック・フランセ」をご紹介くださり、そこで楽器の登録と調整をすると良いとアドバイスまで頂きました。その後、ニューヨークに立ち寄った機会にその楽器商を訪ねると、「スターンさんのご友人のマエストロですね！」とすぐに話が通じて、僕を友人として取り次いでくださったスターンさんに感謝の思いがあふれました。

アイザック・スターンさんと

弦楽器の魅力

イスラエルの人々は建国以来40年間、戦争のない時の方がめずらしいほどの厳しい状況で生きてきたためか、人々が文化の大切さを本当に実感しているのがよくわかり、コンサートも充実したものになりました。音楽に対する市民の情熱は大変なもので、久しぶりに再開された定期演奏会は8日続けて連日満員となりました。

イスラエルのオーケストラで特に強く印象に残っているのはやはり弦楽器で、その表現力の深さです。一人ひとりの奏者が全員ソリストとして演奏しているかのように一音一音に思いを込めて、感じたことを全身で音楽に表現しようと弾いているのがよく分かりました。世界の名高い弦楽器奏者の多くがユダヤ系の方であることに改めて納得させられた思いでいると、「ヴァイオリンはユダヤ人の魂です」とお客様から言われました。やはり音楽にとって根本的に不可欠な要素は技術ではなく、音楽に対する思いの深さ、要求の強さなのです。ひとつの音でも無感動に、あるいは無意味に演奏してはいけないし、音楽の要求が強ければ表現のための技術は必ずできてくるものだと思われます。

カラヤン時代のベルリン・フィルで長年にわたり第一コンサートマスターを務めた、ユダヤ系ヴァイオリニストのミシェル・シュヴァルベさんとは、ベルリンへ留学して以来、92歳で亡くなる前年まで家族のように交流が続き、妻がヴァイオリンを彼に師事していたこともあり、僕も弦楽器の奏法について多くの教えを受けました。単に音を出すためではなく、音楽の内容を表現するための弓や指の奏法として、代表的な曲を弾いて見せては、楽譜にボウイング（弦楽器の弓の運び方）の指示を書き込んでくださいました。

シュヴァルベさんがベルリン・フィルへ招かれた際には、カラヤンさんから毎日一時間も電話が掛かってきて、熱心な説得が一週間も続き、ついにコンサートマスターを引き受けることを決心したのだと話してくれましたが、コンサートマスターとは指揮者にとってそれほどまでに重要な存在なのです。シュヴァルベさんによって考え尽くされた奏法の指示が、ヴァイオリンからヴィオラ、チェロに到るまで弦楽器の演奏を支え、ベルリン・フィルの演奏を理想的なものにしていました。

ベルリン・フィル コンサートマスターのミシェル・シュヴァルベさん（右）とマエストロ・カラヤン

2012年に逝去されたシュヴァルベさんのお墓参りに

タングルウッド音楽祭とクーセヴィツキー夫人

ベルリンに留学した翌年の夏、ボストン郊外で開催されるタングルウッド音楽祭に、フェローシップオーケストラの学生指揮者として参加しました。この音楽祭はボストン交響楽団音楽監督のクーセヴィツキーが創設したもので、当時音楽祭の芸術監督を務めておられた小澤征爾さんに参加を勧められたのです。およそ2カ月にわたる開催期間中には、指揮者や演奏家の講習のほか、奨学生で編成されるフェローシップオーケストラのコンサートなど、若手音楽家のための教育プログラムが行われます。

フェローシップオーケストラを指揮した後、タングルウッドに住まわれているピアニストのマルコム・フレーガーさんが、「コンサートをラジオで聴いて感動し、すぐに会場に来た」と楽屋を訪ねてくださり、後日お宅にも招かれ、音楽への純粋な想いを伺ったことは大変勉強になりました。その後何度か共演の機会に恵まれましたが、演奏とともに人間性も素晴らしい方でした。

音楽祭の途中、小澤さんがヨーロッパへ行かれるので、夫婦で参加しているのだからと留守の間お宅に住まわせていただくことになりました。タングルウッドの周辺は閑静な別荘地なので、交通機関はありません。小澤さんに伺うと、音楽祭の間は地元の方が車に乗せてくれるので、ヒッチハイクで会場まで行くようにということでした。家の前で待っていると、通りがかった車がすぐに止まり、「音楽祭に参加しているのですね?」と、年輩の上品な女性が親切に会場まで送ってくれました。そして、翌日も、その翌日も、毎日この方に乗せていただき、静かな物腰のこの方は一体どなたなのだろうと、妻と二人で話していました。

音楽祭も終わりに近づくと、フェローシップオーケストラの奨学生全員が、クーセヴィッキー氏の邸宅に招かれました。タングルウッドの湖を眼下に見晴らせる素晴らしい景観のお宅に着くと、皆が興奮していました！　クーセヴィツキー夫人にご挨拶しようと順番を待ち、いざ夫人と対面するとなんと毎日車に乗せてくれた女性が笑顔でそこにおられたのです。「アーッ！」と驚いていると、「私は分かっていたのですよ！」と優しく言葉をかけてくださいました。

数年後にボストン響のコンサートで客演指揮者としてタングルウッドを再訪した時には、クーセヴィツキー夫人が終演後に楽屋に来てくださり、思いがけずうれしい再会を果たしました。忘れられない幸福な思い出です。

クーセヴィツキー夫人

フェローシップオーケストラの学生たち

『春の祭典』をめぐる回想
―ハンブルク州立歌劇場・シカゴ交響楽団

ハンブルク州立歌劇場で、ジョン・ノイマイヤー演出・振付によるプレミエを何度も経験したことは、若い頃の良い思い出です。音楽を主体とした作品を、ということで、ストラヴィンスキーのバレエ音楽『春の祭典』やメンデルスゾーンの『真夏の夜の夢』など、オーケストラだけでもよく演奏される作品を次々に取り上げました。舞台を伴うことで音楽もより立体的になり、印象深いものになります。音楽的な表現を優先するので、バレエダンサーからは「マエストロのこのテンポだと、振り付けの動作が早回しになって…」などと楽しい話が出たりして、舞台作品ならではの経験がありました。『春の祭典』は小節ごとに目まぐるしく拍子が変わるので、暗譜をするのはかなり大変です。オペラハウスでは一度プレミエを行うと、年間に15回ほどその公演を行うので、この難しい作品を何度も指揮できたことはとても良い経験になりました。

その後、ラヴィニア音楽祭でシカゴ交響楽団と初めて共演した時にも、『春の祭典』を暗譜で指揮しましたが、ありがたいことにハンブルクでの経験があったのでこの難曲の暗譜については全く心配ありませんでした。

その日の『春の祭典』は、観客総立ちのスタンディングオベーションを受け、オーケストラのメンバーも大変喜んでくれました。トランペットのアドルフ・ハーセスさんやホルンのデイル・クレヴェンジャーさんなど、ベテランの首席奏者の方々が、「素晴らしいコンサートだったから、ぜひ夕食会に招待させてほしい」と声をかけてくださいました。中華レストランの大きな円卓を囲んで、音楽について、指揮法について（彼らは自身でも指揮をしている方たちなので）、話がはずみました。オーケストラのメンバーからこうして指揮者が招待を受けることは珍しく、世界的名手として知られる首席奏者の方々から頂いた言葉の数々は、若い指揮者にとって大変うれしく、忘れられない思い出になっています。

『春の祭典』を指揮した公演のチラシ（1989 年 9 月 28 日 東京都交響楽団第 295 回定期演奏会）

演奏旅行の思い出

名チェリストのヨーヨー・マとは30代の頃にモントリオールで初共演して以来、人柄も音楽的にも最初から気が合って、各地で共演するたびに心置きなく音楽創りを楽しみました。ウィニペグ響でもショスタコーヴィチやドヴォルザークのコンチェルトなどで共演しました。初日の本番で、コンチェルトの後に演奏するマーラーの交響曲を聴いたヨーヨー・マが、「いい曲だ。オーケストラで弾きたいなあ！」と言うので、「明日のコンサートでは、後半はオーケストラに加わって弾いたらいい」と返すと、「本当に？」と話が弾み、コンチェルトの後にマーラーでも共演したのでした。同世代の音楽家同士、若さゆえのハプニングでしたが、お客様も驚いたり喜んだり！　懐かしい思い出です。

ヨーロッパのオーケストラとも、あちらこちらに演奏旅行へ行きました。フランス国立放送管弦楽団とはエジプトやモロッコなどの北アフリカも訪れて、現地の大使館の方にピラミッドに案内してもらったり、アレキサンドリアの海岸で雲丹や鯛など山盛りの海産物を楽しみました。モロッコのフランス大使館では、オーケストラ全員が招待されて歓迎パーティーが催されました。かつてはベルリン・フィルも招待されたそうで、素晴らしい景観の立地や広大な庭園と建物が印象に残っています。全員にワイン注がれ、さあ乾杯というときに、テイスティングされた大使が「ノー！」を出し、全員のワインが取り替えられたのです。最高のもてなしをしてあげようという心配りが忘れられません。

イランへのツアーでは、テヘランで本物のキャビアを初めて味わいました。フレッシュなキャビアは瓶詰とは全く違います。キャビアレストランでは、蕎麦粉のクレープと一緒にキャビアを一晩中好きなだけ食べるのです。

フィルハーモニア・フンガリカとのツアーでは、オランダ、スイス、西ドイツなどの各都市を、車でアウトバーンを走って移動しました。スイスでのコンサートはちょうどスキーシーズンで、夜8時からコンサートがあるので夕方まで山を滑っていると、オーケストラマネージャーとばったり出会い、いつまで滑るの？　と互いに訊いてしまったものです。

ヨーヨー・マ（右）と清水で。二人ともお鮨が大好きで、末廣鮨ではいつも盛り上がる！

モロッコのコンサートホールの前で

第3章　芸術文化への思い

東山魁夷ご夫妻との出会い（1）
音楽と絵画

カラヤンさんのザルツブルク復活祭音楽祭のため、例年のようにザルツブルクに滞在している時でした。オーストリア観光協会の方のご紹介で、日本画家の東山魁夷ご夫妻からお食事のお誘いを受け、初めてお目にかかりました。プライベートな夕べでもあり、温かく優しいおふたりと楽しく話が弾み、東山さんもやはりベルリンに住まわれたこと、音楽が大好きでベルリン・フィルのコンサートに通われたことなどを伺いました。ヨーロッパによく旅行されて、オペラやコンサートにも出かけられるのです。音楽は本当に必需品のようで、絵を描かれる時は必ずアトリエにクラシックが流れているそうです。

「実は、あの森の中の湖のそばを白馬が通り抜けていく絵はモーツァルトのピアノコンチェルトから生まれたもので、あの白馬はピアノのソロなんですよ」と、いろいろと作品についてのお話を伺い、音楽との密接な関係に驚いて本当にうれしく思いました。

魁夷さんが創作の着想を得られず、なかなか仕事が始まらないときには、ディズニー映画『ファンタジア』で、ミッキーマウスが音楽にあわせて指揮者のように魔法を使う様子を創作のひらめきに例えて、「ネズミはまだですか？」など奥様が尋ねることもあったそうです。

あれ以来、僕のＣＤができるたびに聴いていただき、また、魁夷さんからはいつも画集を頂いていて、日本でコンサートがあれば聴きに来てくださり、魁夷さんの個展を拝見したりと互いに交流が続き、日本ではありえない貴重な出会いのお陰だったたと幸福に感じていました。

魁夷さんから素描集をお送りいただいた際は、「これは作品のでき上がるまでの過程を掲載してあり、今まであまり発表しなかった内容です」とのことで、さっそくワクワクしながら拝見しました。本制作の作品の素晴しさはもちろんですが、そこには今まで見たことのないスケッチや、小下図、大下図、本制作、とスケッチからの過程がはっきりとそれぞれの作品として掲載してあり、不思議な感動を覚えました。音楽の世界では、同じ創作過程があっても、これほどはっきりと実際に目で見る、形に残る、ということはありません。なにか神秘の世界を見せてもらえたような驚きと感動でした。

東山魁夷ご夫妻と（ザルツブルクにて）

東山魁夷ご夫妻との出会い（2）
芸術の創造

人が自然の中で受けた感動が芸術となるとき、まずその風景（静物、人物等）ができる限り正確に丹念にそして緻密に描写され、次にその中から不必要な部分がどんどん削られていき、感動を生み出したものに基づいて純化され、さらに集中して凝縮されていき、最後にはその時の「精神の高揚」そのものの、光りを放つ作品になっていきます。本制作—つまり完成した絵画作品を見ていると、そこにその瞬間の自然の素晴らしさ、人の受ける感動そのものがよみがえったように感じられるのです。音楽はその瞬間の感動で、絵画はずっと形として残るものですが、そこに描かれた風景は、ある瞬間に画家が感じた感動そのものなのです。

芸術は最終的には全て同じものだと思いますが、東山魁夷さんから頂いた素描集を見ていて、美術と音楽は思った以上に創造の段階での精神作業が似ているのを実感しました。確かにドビュッシーなどフランス音楽の印象派や、ムソルグスキーの『展覧会の絵』などを思えば当然のことなのでしょう。ムソルグスキーは友人の画家ガルトマンの遺作展を見た感動から、あれだけの音楽を生み出しています。

音楽の世界では創造の過程を見せることはありませんが、リハーサルで音楽を創り上げる際は、正確さや完璧さを技術の上でも追求していき、本番のコンサートこそ、そういった全てのこだわりを忘れ、音楽の心、音楽の語りかけたいものに完全に集中し、本気で作品に向き合わなければ、音楽の感動は生まれません。絵画についても同じことで、どんなにスケッチや下図が素晴らしくできていても、本制作の作品にはそれらにはない、コンサートの本番と同じ集中や気魄の生み出した「精神の高揚」が現われています。

魁夷さんが唐招提寺の襖絵の制作を始められていた頃に、「今は初めての水墨画に挑戦しているのですよ」と話されていました。どこまでも神髄を追求し続ける素晴らしい芸術家の作品と言葉に触れることで、本当に多くの感動を頂き、学びとなりました。

ものを創ることこそが喜び（自作の唐津焼の大皿を手に）

都市の芸術文化

芸術文化の中でも、オーケストラは世界に通じる普遍的な文化遺産の代表と言えるもので、オーケストラは世界的に都市の文化政策の中心として評価されています。また、コンサートホールは職業のジャンルを越えた社交・交流の場であり、情報の交換や芸術を共有し共感することによって人々の心をつなぎますし、人々の交流がさかんになると社会経済が活性化していくという好循環が生まれます。巨大な都市にこそ、日々の生活で乾いた心を本物の感動で潤わせるオアシスとして、コンサートホールが必要なのです。

演奏者や指揮者と同じ空間で、空気によって直接音が伝わってくる臨場感、聴衆も一体となって創り上げる音楽の妙味、緊張感、迫力などを感じれば、コンサートホールはそれ自体がひとつの楽器であることが分かると思います。

ドイツではどんな小さな町にもコンサートホールやオペラ劇場があり、その町に自分たちのためのオーケストラがあるというのが誇りです。

オーケストラにとっても地域社会に根ざした事業運営を行うことは大変重要であり、市民のためのオーケストラとして果たすべき役割があると思います。名古屋フィルハーモニー交響楽団でも地元の自治体と連携した事業活動を行っています。名古屋市の河村たかし市長は芸術文化への理解も深く、名フィルの定期会員になっていただきコンサートを聴きに来てくださるほか、文化行政に関する意見交換も行いました。また、太田稔彦豊田市長と鈴木淳雄前東海市長のご協力により、それぞれの市と提携してコンサートやアウトリーチ活動を行い、多くの市民が音楽を身近に感じられる機会を提供しています。

日本ではまだクラシック音楽とはどういうものかが充分に理解されておりませんが、世界ではコンサートホールはその都市のシンボルであり、「都市の魂」

であると見られています。産業が発達することも大切ですが、文化こそが身近でかつ人々を豊かにする誇り高いものなのです。そして、コンサートホールの歴史と風格は、オーケストラ、指揮者、聴衆がひとつになって創り上げていくものです。だからこそ市民の誇るオーケストラは「都市の宝物」なのです。

写真撮影／堀田力丸（提供／東京都交響楽団）

2013年コシツェ（スロヴァキア）「芸術家の家」にて

コンサートホールは都市の財産

町にオーケストラがある。素晴らしい音楽を奏でる演奏家がいて、音楽を愛する人がいる。それ自体が社会のかけがえのない財産です。オーケストラや演奏家は、社会とともに歩んで、心のオアシスとしての芸術文化を育むという重要な役割を果たさなくてはなりません。

福岡の芸術文化振興に多大な貢献をされた篤志家の末永直行さんとの出会いは、僕が九州交響楽団の首席指揮者だった35年ほど前に遡ります。以来ずっとお世話になり、練習場の不足に困っていた九州交響楽団の状況を末永さんにご相談したところ、練習場の建設に意欲を燃やしてくださり、私財を投じて1987年に末永文化センターというコンサートホールを建立してくださったのです。現在まで末永文化センターが九響のホームグラウンドとなっています。かって練習場を持てず、学校や放送局を転々としていたことを思うと、夢のような環境を与えてくれました。

地方の楽団が専用の練習場を持ったことは当時の音楽界に大きな影響を与え、各地のオーケストラが専用の練習場を持つ呼び水となりました。専用の練習場を得た九響は格段にレベルが上がり、九響に触発されて練習場を置いた全国のオーケストラの質の向上にもつながりました。

末永文化センターを運営する末永文化振興財団は、企業の文化事業への貢献活動の先駆けとして、1992年に「メセナ賞」に輝きました。末永文化センターは美術館を併設し、九響の練習がない日はコンサートホールが近隣の学校や音楽愛好家に開放され、地域の方が音楽や芸術を身近に感じられる場となっています。末永さんは本当の意味で芸術文化を愛された方で、心から楽しまれ、また真剣に支援していただきました。

末永さんは２０１９年5月にご逝去され、九響の演奏で追悼コンサートを企画しました。生前に、「(そんな時は) 小泉君に振ってもらいたいなあ」とつぶやかれていたことをお聞きして、心が同じであることに頷きました。限りないほどのご支援をくださった末永さんへ、九響の音楽監督として、また一人の音楽家として、心からの感謝と敬愛の気持ちを込めて音楽を捧げました。

末永直行さんと

名フィルと愛知県芸術劇場コンサートホール

オーケストラにとってコンサートホールの音響の良さは非常に重要です。名古屋にある愛知芸術文化センターには、音響も雰囲気もクラシックコンサートに相応しい愛知県芸術劇場コンサートホールがあり、名古屋フィルハーモニー交響楽団の定期演奏会もこの会場で行っています。共演を続けているうちに、名フィルもこのホールで創り上げる音響が身について、音楽をより深く追求できるようになってきました。

ところが、２０２０年は新型コロナウイルスにより、かつてなく長い休止を経験させられたのです。昨年2月末から演奏会が中止となり、およそ4カ月間の休止期間を経て、7月の楽団創立記念日にベートーヴェンの田園交響曲を演奏し、ようやく活動を本格的に再開しました。感染予防のため聴衆を限定しての開催となりましたが、演奏が終わっても鳴りやまない拍手に感謝の気持ちが込み上げました。

２０２０年はベートーヴェンの生誕２５０年にあたり、定期演奏会ではぜひベートーヴェンシリーズをと、心からの尊敬と感謝をもって取り上げました。コロナ禍のなかでさまざまなことを考えさせられますが、今あらためてベートーヴェンが命を込めて音楽に作曲したものを痛感しています。この音楽は聴く人に苦難を乗り越えるパワーを与え、免疫力をも高めてくれるのです！

トヨタ自動車名誉会長の豊田章一郎ご夫妻がいつものように聴きに来られていて、音楽への情熱と本気の応援を、あらためて心強く感じました。名フィルの東京公演にも必ず来てくださり、感想や名フィルの展望をお話しするのです。

同年９月の定期演奏会では、いろいろな条件や制約のあるなかで、この久しぶりのオーケストラの響きは思いがけず特別なものになりました。指揮者として、このような響きと音楽が創りたかったのだと思わせてくれるものでした。

依然として過酷な状況のなかで困難を強いられていますが、この長い休止期間に堪えたことにもきっと意味があり、そして活動を再開できたことの喜びが、オーケストラや僕自身にも大きな影響を与えたのだと実感しています。

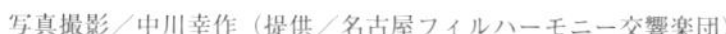
写真撮影／中川幸作（提供／名古屋フィルハーモニー交響楽団）

活動再開後の最初の演奏会で田園交響曲を指揮し、来場されたお客様へ想いを伝えた

約 600 人の方が来場され、熱い拍手を頂いた

第４章　自然と暮らす

指揮者と住まい（1）
ドイツ・カナダの家

１９７２年、藝大時代にベルリンへ留学しましたので、まず最初はドイツに住まいを持ちました。ドイツで長年生活していると、友人も知人も何かあると自分のことのように親身になって助けてくれるのを何度も経験しました。ドイツ人は本当に親しくなると家族同様に受け入れてくれるのです。ベルリンの家では、隣人が留守宅の緑に水をやってくれ、郵便物を世界各地に送ってくれたりと、どんなに感謝してもしきれないほどお世話になりました。なにしろ観葉植物たちが帰るたび元気に育っていたのです。その間には、ベルリンの壁さえ崩壊しているというのに。ベルリンに戻ってこの緑を見るたびに、人の暖かい心に触れる思いがしました。

その後、1983年からはウィニペグ交響楽団の音楽監督を引き受けたので、北米での客演コンサートを含めるとカナダには年に4カ月ほど滞在することになり、思い切ってウィニペグにも家を買うことにしました。ウィニペグは東京のような大都市ではありませんから、コンサートホールのあるダウンタウンから車で15分ほど走れば住宅地がひろがっており、そのひとつで家を買ったわけです。家探しもじつにラクで、住宅地を車で案内してもらい、「SALE（売家）」のサインのある家を次々に見て回り、一日で決まりました。芝生のヤードが家を囲み、内部にはマホガニー材をたくさん使い、靴は脱いで上がるようになっているのです。すっかり気に入りましたが、その後日系人の建築だと分かり納得でした。

ウィニペグには日系の方が多く、皆さんにはとても親切にしていただいて、日本人ファミリーの暖かさを身にしみて感じました。この家には広い庭（バックヤード）があり、大きな木々にはリスも遊んでいました。また、エントランス横のスペースには大工さんが日本庭園を作ってくれたんです。松や竹を植え、築山を作り、白い小石をまき、近郊の湖から大きな石を5つ6つ運んできて庭石にしてくれました。当時、東京では狭いマンション暮らしでしたから、かえってウィニペグのほうが東京以上に日本風の家で、ホッとした気分になりました。

ウィニペグの自宅の石庭。和の趣のある家で暮らした

ウィニペグの自宅（庭にはピンクと白の花が咲く姫リンゴの木があり、手作りのアップルサイダーを楽しんだ）

指揮者と住まい（2）田舎暮らしへの憧れ

東京、ベルリン、ウィニペグを行き来しながら、各地のオーケストラに客演するためにホテルでの生活ばかりで、1週間いたと思うと次の1週間はまた別のところですから、定住感は全くありませんでした。

もともと日本的なものに興味があり、自然に囲まれた暮らしにも心を引かれていました。外国を行き来する都市生活の中で、自分が日本人であることを強く意識し、自然に対するあこがれのような気持ち、日本に寄せる思いが非常に大きくなり、日本の民家や田舎暮らしの本をながめたりしていました。

オーケストラと指揮者の関係は、つまるところ生の人間と人間の直接的なコンタクトです。音楽によって人間性が広げられますが、きちんと地に足をつけていない生活を続けていては、まっとうな音楽は生まれません。生活の原点をしっかりつかみたい、その土台の上で音楽を創っていきたいという思いが強まっていきました。

長い海外での欧米風（洋式）の住まいが続いているうちに、日本の風土と和風住居に興味が向かい、結局原点ともいえる日本の古い民家の素晴らしさに魅せられてしまいました。文明生活、単に便利な都市での生活は、人の心身を弱らせ、鈍化させる一面を持っています。反対に自然の中で日常を送っていると、人間が本来持っている感受性が高められ、潜在能力を呼び覚まして、心身ともに最高の状態へと引き上げられます。素朴で味のある土壁、仄(ほの)かに光を映す障子、大木でできた力強い柱、味わいのある桧の板戸など、古い日本の民家は自然の風と交感することのできる場所であり、感覚や感性に強い影響を与えてくれるものです。

各地の民家を見たり借りたりしているうちに、岐阜・飛騨古川でのコンサートが予定され、飛騨にはきっと民家があるはずだと楽しみにして演奏旅行に出掛けました。そのコンサートの一晩で古川の人たちとの深い交流が生まれて、この町の素朴な昔のままの伝統を受け継いだ美しさと自然の素晴らしさを知り、飛騨古川に念願の民家を持つことができたのです。

ウィニペグの自宅でピアノに向かい

日本風のインテリアのウィニペグの自宅

飛騨古川の家との出会い

　田舎暮らしの夢をかき立てていたころ、新日本フィルとの演奏旅行で飛騨古川の公演予定が入っていたのです。飛騨にならイメージどおりの古民家が見つかるかもしれないと思い立ち、演奏旅行の日程に先駆けて、まず飛騨高山に行ってみることにしました。しかし、飛騨高山はすでに観光地化が進んでおり、静かな古都のたたずまいは失われつつありました。見込み違いだったのだろうかと思いながら、演奏旅行の最終公演地である飛騨古川に向かいました。

　演奏会場は田んぼの中にぽつんとある小学校の体育館で、本当に人が集まるのだろうかと心配しましたが、人口の1割もの人がオーケストラを聴きに集まり、飛騨古川の人々の音楽への関心の高さに驚かされました。終演後に開かれた地元の方々との懇親会で、親しくなった飛騨古川音楽文化協会の方々に「こんな夢があるんですが」という話をしたところ、あっという間に民家を紹介していただけると話がまとまり、そして現在のこの家に巡りあったのです。

元は養蚕農家だった築１００余年の古民家で、かつて蚕棚があった二階には舞台を設け、小さな演奏会もできるようにしてあります。家の周りには田んぼや畑もあり、仕事が休みのときはなるべく自分で野菜の種を蒔いています。本で勉強したとはいうものの、農作業は初めての体験でしたから、最初は畝を作るのもうまくいかず、地元の方たちに教えられることばかり。初めての稲刈りのときは、感激のあまり刈り取った稲をしばらく家の中に飾っておきました。

もっとも各地を転々としていますから、普段は地元の方が家や畑の面倒を見てくださっています。時々カナダから国際電話して、野菜の生長具合を教えてもらったりすることもありました。

将来は、本格的な自然農法にも挑戦したいと思っています。自然農法の提唱者として知られる福岡正信先生に見せていただいた「野原に種を蒔くだけで、収穫時期を待つ」というスタイルこそ、旅の多い暮らしぶりに最も合った農法かもしれません。

飛騨古川の自宅の前で（妻の雅美、愛犬ココと）

軒下には柿をつるして

わら一本の革命

この本に出会ったのは、実はコンピュータープログラマーの第一人者であるアメリカ人の方から「日本人で福岡正信さんを知らないなんて！」と驚かれたことがきっかけで、その方に教えてもらいました。演奏のため旅行が多く、国際線の飛行機やホテル住まいが続き、せめて自分が食べているものぐらいは、どう作られているのか、どんな風にできるのかを分かりたいと思っていた頃でした。

この『わら一本の革命』は、皆さんにもぜひ読んでいただきたいのです。福岡正信さんは世界の砂漠を緑化し、世界的にも尊敬されている自然農法の大家です。最晩年まで活動を続けられ、その社会観や人生観は海外にも広く紹介されています。僕はこの本に感激して自分でお米を作りたいと思うようになり、そして実現できたのです。

ある時、徳島文理大学の100周年記念で学生オーケストラのコンサートを行いたいということで、妻の師であり、僕も共演して親しくしていたヴァイオリニストの外山滋さんから頼まれ、徳島に行くことになりました。徳島文理大学理事長の村崎先生ご夫妻とは、それ以来とても親しくさせていただいていますが、四国に来たこの機会に、愛媛にお住まいの福岡正信先生にお会いしたいとお話しして、お世話していただきました。

念願だった松山の福岡先生のお宅に伺ってお話を伺ったり、先生の山にご一緒して、草の中で大きく育っている大根を見せていただいたりと、大変貴重な経験をしました。独自の思想を自然農法で体現した哲学者でもある福岡先生のお話はどこまでも広がって、宇宙の原理まで図に書いて説明してくださり、また、「口外せずに」とおっしゃって、食糧難を回避できるという新種の稲穂を見せていただきました。福岡先生の早稲田大学の講演会にも出席させていただきましたが、「講演会であれこれ言うよりも、音楽の方がずっとよく伝わるんじゃないか！」とおっしゃっていたのが印象的でした。

お米や野菜は無農薬で、できるだけ自然な状態にという作り方は、それ以来30余年ずっと変わっていません。福岡先生が本の中でお書きになった自然農法を実現することの大変さは、農業の現場で初めて実感しました。一人でも多くの理解者や協力者が必要だと思います。いつかはもっと先生のお話に近付いたものに挑戦したいと思っています。

春には田植えを行う

自宅の田んぼで稲架掛けの稲と

文化と農業
カルチャーとアグリカルチャー

田んぼや畑では、小さな種や苗が大きく育ち、豊かな実りをもたらします。その不思議に感動するとともに、文化と農業は同じ根から発したカルチャーであることを実感します。食を生み出すことがなければ、そこに文化は生まれてこないと思います。農業に携わり、ものを作る暮らしが、僕の生き方に関わっていることは間違いのないことです。豊かな自然に囲まれ、神秘的なまでの美や偉大さに感動させられることは何よりも大切な瞬間であり、体験です。

僕たち音楽家、特に指揮者は、演奏会のためには都会での仕事がほとんどで、ホテルに住んで外食しなければなりません。いろいろな国に行き比較勉強できるので、それはそれで良いことなのですが、少しでも余暇がある時には、どうしても自然の中にいたいという要求が高まってきました。物質的な豊かさに慣れて何でもお金で買い、便利なものをつかうよりも、もっと原点にもどって、人間の生活とは何か？　なぜこのような道具が用いられているのか？　この食物はどうやって作られたのか？　野菜は、お米はどうやって作られているかということを知りたいと思い、昔の本当に良い物はすばらしい、継承して残さなければという風になりました。僕のやっている音楽は、約200〜300年も前の作品ですから大骨董品です。ヴァイオリンなどの楽器にしてもそうで、200年以上も前の楽器（ストラディヴァリウス等）を今も大切に使っているのです。こういう世界で仕事をしているものですから、良いものは残したいという願望がもともとあるようです。

カナダの自宅には囲炉裏を作り、そこでは炭火で食事をしましたが、やり始めてますます囲炉裏のすばらしさ、また、便利さに感心するようになりました。

囲炉裏は「インサイド・バーベキュー」だといって外国人にも大好評です。御飯はかまどで炊き、炭火をおこして魚を焼く、自分で物を作ってみる。そういうことが人間に大切なのだというのを忘れ、感じられなくなって、どんどん前へ進んでしまうのはさびしいと思います。

飛騨古川の自宅にはたくさんの民具が

飛騨古川の音楽振興

古川町の人々はもともと音楽への関心が高く、当時の古川町長も文化芸術振興に非常に熱心な方で、古川を「花と音楽の街」とすることを公約にしていました。小学校では子供たちでオペラを創作して上演するなど、音楽教育も盛んだったそうです。僕が古民家と出会うきっかけとなった演奏会も、地元の有志で運営している飛騨古川音楽文化協会の主催でした。

そうした方々の「いつかオーケストラが演奏できるようなコンサートホールを作りたい」という思いが実り、まずはその足掛かりとして、飛騨古川国際音楽祭が開催されました。また、古川町は飛騨古川音楽大賞を創設し、日本の音楽界をリードする音楽家や文化人が年々この地へ来訪するようになると、「小泉さんの音楽には、この飛騨古川が大きく影響しているに違いない、この土地の力が音楽にみなぎっている」と言われるようになったんです。指揮者の朝比奈隆さんも、飛騨古川音楽賞を受賞した折に古川の僕の自宅を訪れ、こんな言葉を残してくれました。「小泉君、これが、本当の芸術家の生活だよ」と。

２００６年には飛騨市文化交流センターが完成し、開館記念コンサートや「第九」で、たびたび演奏に訪れました。開館５周年記念コンサートでは、当時僕がレジデント・コンダクターを務めていた東京都交響楽団を指揮して、第１回飛騨古川音楽大賞を受賞された作曲家の武満徹さんが飛騨古川の自然や人々の営みに触れて作曲された『スピリットガーデン（精霊の庭）』を演奏しました。古川の人々の音楽に寄せる熱意に応えられたらという思いでした。

飛騨古川音楽文化協会の会長を務めておられた都竹（つづく）ご夫妻には、留守の間に家を管理していただくなど、古川での生活の全てをお世話していただきました。十数年後、都竹さんのご長男の淳也さんにお会いすると、彼が学生だった頃に、東京の僕のコンサートに来ては、いつも楽屋の出口で楽譜を持ってサインを待っているファンの方だったのです。再会した当時は岐阜県庁の職員だった都竹淳也さんは、現在は飛騨市長になられています。志のある方々とのこのような邂逅の重なりに、縁の不思議を実感しました。

古川では、お祭りや婚礼で地元の方による雅楽が披露され、東京楽所の奏者による講習が行われるなど、雅楽に対しても非常に熱心です。古川の友人で老舗旅館の八ツ三館八代目の婚礼では媒酌人を頼まれ、僕もこの日は袴を着けて、黒留袖の妻と出席しました。新郎新婦の入場で雅楽が奏でられ、雅な趣向に驚きました。しかも僕たちの銀婚式にちなんで記念の樽酒開きまでしていただき、感謝の気持ちでいっぱいになりました。

屋根裏コンサートの会場（飛騨古川の自宅２階）

第１回飛騨古川音楽大賞授賞式（左から作曲家の諸井誠さん、作曲家の武満徹さん、指揮者の朝比奈隆さん、政治学者の矢野暢さん）

飛騨古川での暮らし

仕事の予定の合間を縫って、年に二、三カ月は飛騨古川で過ごします。春の田植え、8月の夏休み、9月の稲刈りのときには、できるだけ滞在できるようスケジュールを調整しています。地元の方たちと農作業に汗を流したり、カモシカやキツネに出会う野山を散策したり。野山に身をおいて農業に勤しみ、音楽の勉強をする。心身を解放できる大切な時間です。

以前に岐阜のサラマンカホールでの演奏会に客演したことがきっかけで、岐阜県交響楽団から「夏の合宿練習を古川で行いたいのでぜひ指導してほしい」との申し出があり、東京都交響楽団、NHK交響楽団、新日本フィルなどの東京のオーケストラの首席奏者を招いて、合宿と町の方へのコンサートを10年ほど行っていました。スケジュールの合間に自宅の二階で屋根裏コンサートを開催して、町の方にはチケットを買っていただき、村の方はご招待して、お客様や演奏者、スタッフの総勢100名ほどが集まりました。皆で料理を持ち寄って、生ビールやワインを飲みながら、ごちそうをほおばりました。自家製の野菜などをふるまい、特にかまどで炊いたお米のおにぎりはとても好評で、毎年夏に楽しいひとときを過ごしました。

ここに帰ってくるとホッと心が安らぎます。しかし、指揮者の成長というのは時間がかかるもので、自然の中で暮らせば、すなわち豊かな音楽につながるというほど、単純なものではありません。古川で過ごし始めた頃は、指揮者としては第二段階くらいに入っていた時期で、これからいかに自分の内面を成熟させていくかが課題となっていました。そのような段階になると、たとえ西洋音楽を専門にしていても、一年中ヨーロッパに住む必要はありません。しかし、自然の中で生きねばならない、ということだけは確かです。

今では飛騨古川で過ごすようになって30余年が過ぎ、この町から受けたご恩をお返ししていきたいと思っています。何より、子供たちにオーケストラの音の素晴らしさをもっともっと体験して欲しいと思います。

飛騨古川の自宅で白菜の収穫

飛騨古川の子供たち

古川で過ごすようになって、いつからか村の子供たちが家に来て遊ぶようになっていました。わが家に「ココ」という人気者の犬がいたからでしょうか。幼稚園から小学校までの子供たちがいつも十数名ほど集まっていました。

子供たちと一緒に毎日野山を散歩して、夏には皆で近くの川に泳ぎに行き、雨の日には広間で絵を描くことにしていました。なぜか僕は子供たちに「隊長、隊長」と呼ばれて、皆が僕のあとをついて歩くのです。彼らは「草むしり大会」や「窓みがきの日」を計画するので、楽しみながら一緒に行いました。お手伝いのお礼はいつも「バーベキュー大会」です。余興で合唱をしたり、指揮者のマネをしたり。なかなか上手で感心しました。

そのうちに大学進学や就職とそれぞれの進路を歩んでいきましたが、皆すっかり大人になって、東京・大阪・京都・名古屋といった都市の近くにいる子がコンサートを聴きに来ています。以前に古川の自宅で開催していた「屋根裏コンサート」に来ていた子供たちは、「あの頃は、音楽よりも食べることの方が楽しみだったんです！」と言いながら、今では音楽ファンに。月日が経つのは早いものだと感じつつ、会うたびにうれしく思っています。

思い返すと、飛騨古川の山里には、驚くほど純粋で優しい子供たちが育っていました。彼らは素直で向上心に富み、キラキラと輝いて野山をかけ廻ります。この素晴らしい子供たちの輝きをくもらせたり汚したりせずに、人間性を高め、心が豊かに育つ環境が必要です。

この数年で切実に感じるのは、日本全体が子供まで心の栄養失調でフラフラになっていることです。心も身体も手軽なインスタント食品では健康を保てません。心の栄養が本当に必要な時代を迎えているのです。また、日本には四季があり、春夏秋冬とすばらしい季節を体験できるために、日本人は、能や華道、香道、茶道など、情緒細やかな芸術文化を創り出し、豊かな感性を培ってきました。古き良き伝統を大切にし、そこから学ぶことが、同時に新しいものを生み出すことになると思います。この美徳を受け継いで、次代に渡さなければと思います。

飛騨古川の子供たちと川で水遊び

子供たちとココは仲良し

次代を担う子供たちへ

子供達は環境の与える影響を素早く吸収し、反応して、自分のものにしていきます。まわりにいる大人は、世の中に何があふれているのか、どんなものを心の栄養にして育っていってほしいかを、皆で真剣に考えてあげるべきです。今の日本には何もかもが溢れています。不自由はしないけれど、選択が大切であることを忘れないようにしないと流されてしまいます。日常から受ける刺激や情報がどのようなもので、どういった影響を受けるかが、人の一生にとって大変重要だと思うのです。

素晴らしい芸術品というものは、普遍性を持ち、どの時代にも、どの世界にも共通するもので、人間に心がある限り、人間性を高め、また癒しを与えてくれるのです。自分を高めてくれるものと接して、その影響を受けることの大切さは、誰にとってもかけがえのないものです。生命の尊さや、お年寄りをいたわること、親を大切に、動物にはやさしくなどといった人間性に関することは、言葉で教えようとしたり、強制したりしても育てられるものではありません。だからこそ、なるべく素晴らしいもの、心のやさしさを育てるものと接する機会を作ってあげたいのです。心の奥の深い部分で受けた感動は、たとえ意識に上らなかったとしても、一生その人に影響するものです。心にやさしさが芽生え、向上心が出てくることで、自分で自発的に人間性を創っていくのです。

このように、子供の頃から音楽に親しむことで情緒や感性が豊かになり、やさしさや円満な人間性が育てられますので、子供たちには良い音楽に少しでも多く接してほしいと思います。人は感性によって幸福を実感するのですから。名曲と接することは、特に子供たちの人格形成のうえで大きな影響を与えます。東京都交響楽団のメンバーと東京都内の学校を訪問する「都響マエストロ・ビジット」では、僕の音楽体験を語る特別授業を通じて、子供たちに音楽を愛することの楽しさや喜びを伝えてきました。中村学園の創始者で教育者の中村ハル先生は、「人間は頭の良し悪しや学力の優劣よりも、何よりも人物ができていることが基本である」とおっしゃいました。押しつけの暗記学習では人間性は育ちませんが、音楽をはじめとした芸術にはその力があります。音楽こそ、現代の日本に最も必要で役立つことのできるものだと確信しています。

（提供／東京都交響楽団）

「都響マエストロ・ビジット」で都内各所の学校を訪れ、子供たちに特別授業を行った

唐津焼との出会い

茶碗(わん)や湯のみ、皿など、自分で使うものは自分の手で作ってみたいという思いから、すすめられて土に触れ始めました。藝大で知り合った妻の郷里が佐賀の唐津で、妻の同級生で親友の父上が十三代中里太郎右衛門だったのです。太郎右衛門窯は唐津焼の伝統の窯元で、実際に初めて窯を訪れたときは、大きな驚きとともに陶芸の素晴らしさ、奥深さに改めて惹き付けられました。

茶道にも興味があったので、茶碗を一つ作ることができたらいいなと、促されるままに轆轤(ろくろ)に向かってみました。ところが、茶碗が一番難しい。バランスの微妙な違いや大きさで丼のようになったりと、なかなか様にならないのです。箸置きや薬味入れなど、小さなものから挑戦しているうちに、手元から何かしらの形が生まれてくることが実に面白くて、すっかり虜(とりこ)になりました。

名前から「和」の一文字を取って銘としました。カナダ・ウィニペグの住まいには和風の一室があり、創作した作品を置いていました。大ぶりの片口は酒器として宴席で活躍し、初期に作った薬味入れ付きの刺し身の取り皿は、表裏の凹凸を重ね合わせてコンパクトに収納できるようにして、オーケストラのメンバーが集まってホームコンサートを行った際にも重宝しました。飛騨古川の家には太郎右衛門制作の陶板の表札を掛け、僕が練習で作った小皿と、長年愛用した指揮棒を「人」の字の形にして、「運命」の楽譜とともに土壁に塗りこんでもらいました。

自分で作った茶碗で一服頂き、自作の器に酒を入れ、肴を盛ってだんらんを囲むのは格別のものがあります。粘土をこね、形を生み、御しがたい火と対峙する陶芸は、創作の原点かもしれません。温度や形、大きさ、厚み、土の状態や窯の中の位置など、様々な要因で思いがけない色や模様に変わっていたり、場合によってはせっかく作ったものが割れてしまうこともあります。焼き物は土と水、そして火と自然の力が創り出すもの。思いのままにならないのもまた面白いのです。僕の場合は、もの創りの楽しさが全てでしょうか。

日本芸術院会員の十三代中里太郎右衛門さんと

自作の小皿と指揮棒を塗り込んだ土壁の前で

ジャック・マイヨールと海・自然・動物

子供の頃から犬を飼っていましたので、犬好きは今でも変わっておりません。日本では、東京、飛騨古川、唐津、京都と移動が多いのですが、できるだけ愛犬と一緒に行動しています。現在はブルーマールの「マーク」、その前は「ココ」という名前でした。散歩をしていたときに、生後1カ月くらいのかわいい子犬が公園に捨てられているのを見つけて、あまりにかわいそうなので連れて帰りました。それがココとの出会いでした。ココはとても人懐っこく、あごを腕にのせて、初対面の人でもすぐに慣れ親しんでしまいました。愛犬と一緒に唐津の海岸を駆けまわり、飛騨古川の野山を散策し、東京の四季を楽しみます。彼らは家族の一員です。

唐津の海にはイルカが生息しており、僕たちはイルカも大好きなので、ジャック・マイヨールの本を読んでは感銘を受けていました。ジャック・マイヨールは、時々唐津シーサイドホテルに逗留していたのですが、ホテルの支配人が僕の友人だったので、紹介を通じて親しくなりました。

伝説的なダイバーのジャック・マイヨールの原点は、唐津の七ツ釜でイルカと一緒に泳いで遊んだことだと、かわいい子供時代のビデオを見せながら話してくれました。ジャックはココともすぐに仲良くなり、「この子は犬じゃない、チャイルドだ！　目を見れば分かる。話が分かっているし、理解しようとしている！」と興奮して話していました。ジャックの言うとおり、本当に驚くほど賢い子で、エピソードは書ききれないほどです。

イルカと泳ぎに壱岐の島に出かけたとき、イルカパークの海底が汚れていて環境の悪化が気になりました。たまたま唐津に滞在していたジャックと大みそかに食事をした際にこのことを話すと、「明日一緒に現場を見に行こう」と誘われて、元旦早々にフェリーで壱岐の島に向かいました。ジャックが一緒だったからでしょう。野生のイルカの群れが現れて、フェリーに並走しウェルカムジャンプをしてくれました。入り江の実態を目の当たりにした彼は、すぐに長崎県知事に環境改善を求める陳情書を書き送りました。自然や動物へ向き合う彼の姿勢に信念を感じ、その行動力に頭が下がる思いでした。

ジャック・マイヨールさんと、腕にあごをのせて甘えるココ

ジャック・マイヨールさん、イルカパークの飼育員の方たちと

自然のもたらす本当の豊かさ

食物を作りあるいは仕事で得たお金で手に入れ、衣食住が一応満たされていれば、人が生きていくことはできます。豊かな自然の中で空は青く雲は流れ、何とはなく生活していても時間は一日一日と確実に過ぎてしまい、またそれが一生のうちの貴重な時でもあります。鳥や動物や植物は、それだけで十分に生命が輝いているものです。しかしそれだけでは精神的な歓び、あるいは魂の充足感は得られないために、人類は常に文化や芸術を創り上げながら進歩してきました。人類の文化遺産として偉大な物は残され、現在に到るまで人々に感銘を与え続けています。芸術作品は、我々が触れることで様々なことを教えてくれ、精神を引き上げて、高揚と歓びを与えてくれるのです。

音楽家にとって自然の中での暮らしは、生活上のやすらぎだけを意味するわけではありません。僕らが専門にしている17〜19世紀のクラシック音楽は、自然の中で生まれてきたものであることは確かです。バッハも、モーツァルトも、ベートーヴェンも、マーラーも、作曲家の誰もが自然から啓発されて音楽を創ってきました。そうして生まれてきた音楽を、指揮者は身体を使って表現しなければなりません。オーケストラの楽員の前に立つだけで、「ああ、この指揮者はこんな音を出したいんだなあ」と感じさせるようにならなくてはいけないのです。そうした指揮者としての自分をどうやって創り上げていくかとなると、まず人間として豊かにならねばならないという答えが出てきます。そうでなければ聴く人に豊かな音楽を提供できるわけがない。豊かな人間になるためには健康な肉体が必要です。自分でやってみてあらためて感じるのは、食料を作り出してくれる農業は本当に大切だということと、それと同じように精神を養う食物も大切だということです。精神（あるいは魂、人格）も、正しい食物、良い食物がなければ病んでいくのです。

養蜂にも挑戦し、巣箱を置いて日本蜜蜂の蜂蜜を採っている

愛犬ジローと秋の古川で

小泉武夫先生と本物の食の楽しみ

飛騨の里で無農薬有機栽培のお米「命の壱」を作っていますが、やはりお米も野菜も自然育ちのものは、香りやうま味があって本当に美味しいものです。自家製のキュウリを初めて収穫して、もぎたてをかじった時には、まるでメロンのようだと驚きました。田んぼの畦や畑の一部で作った大豆で味噌も作ってみたいと思い、2年に一度は仕込んでいます。また、養蜂にも挑戦し、巣箱を置いて日本蜜蜂の蜂蜜を採ったりもしています。

このようにスローフードや日本の伝統食には大変関心がありましたので、発酵学の第一人者である小泉武夫先生にはぜひ一度お会いしたいと思っていました。ある時、小泉先生の「日本の発酵食品を使ったイタリアン」の食事会にお誘いを受け、楽しみに伺いました。初対面で同席しましたが、発酵の魅力をユーモアたっぷりに話される先生とおいしい食事にすっかり魅了された一夜でした。

それ以来、先生は可能なかぎりコンサートを聴きに来られて、オーケストラを心から楽しんでいただくようになりました。また、楽屋には最高の鮒寿司（ふなずし）を届けてくださるのです。鮒寿司は塩漬けにした鮒をご飯に漬け込んで発酵させた、滋賀県の伝統的な保存食です。実は父の実家が滋賀県の近江八幡にあり、自宅に職人さんが来てくれて鮒寿司を仕込んでいたらしく、僕も昔から鮒寿司を食べていたので先生と同じくらい大好物なのです。

先生は飛騨の山里も気に入られて、ご一緒に山菜や葛の花、マツタケだけでなくジコウのような珍しいキノコなど、本物の食と美味を探しては楽しんで、もう7年が経ちました。海のものは唐津でという話になっていますので、次は唐津に来ていただきます。

僕はずっと以前から食べ物には気を配っていて、自分の食べるものは自分で作ってみたいと思うようになったのですが、これも自然から生まれた、身体にいい、おいしい物を食べてこそ、人間として豊かになれると思うからです。多少かたちが悪くても自然のものは格別であると実感しました。僕たちの田舎暮らしは、確かにあわただしく、移動の手間も馬鹿になりません。でも、これが豊かさにつながると思えば、そう苦でもなくなるのです。

小泉武夫先生と飛騨古川の山で収獲した松茸を
手にして

本物の食と美味を探して楽しむ

生活そのものが音楽に

一番大切にしているのは健康です。そのためには環境を変えてリフレッシュすることが大切で、音楽活動以外でやっていることは、全て仕事のためでもあります。休日にリフレッシュするということは、音楽家にとっては非常に大切だと思います。自分の経験では、ある時期に達すると毎日音楽ばかりでは成長しないように思うのです。成長するのはその間の、休んでいる時ではないでしょうか。

休日には、唐津で海の生活を、飛騨古川では山の生活を楽しんでいます。唐津は妻の実家です。コンサートを終えると自然に浸る、そうした切り替えが僕にとって一番の健康法ですし、趣味といえば趣味です。誤解がないように言いたいのですが、音楽をやること自体が趣味のように、遊びのようになればと思っています。つまり、いい意味で緊張感がなく、自然に音楽の世界に入り込める状態が大切だと思うのです。音楽を特別なものとして捉えるのではなく、普段の生活そのものが全て音楽にもつながるということです。ベートーヴェンの音楽の延長線上にある生活をしていないと、ベートーヴェンの作品はできません。ベルリンに留学して、ヨーロッパの人のそうした生活スタイルを見ていましたので、日本に帰っても変えないようにやっています。生活と仕事が遊びのように思えたら最高です。

現代の日本では日常生活の中にあまりにも騒音が多く、美しい音―耳と心を楽しませてくれる音があまりにも少ないと感じます。静けさを感じそこに響く美しい音を聴いたり、安らぎを感じ穏やかな統一された精神状態を楽しむ機会があまりにも少ないのです。精神的にもマスコミやテレビの情報過多にわずらわされたり、様々なスピーカーを通していやでも聞かされる騒音の洪水など、不必要な音が溢れています。これでは、本当に心静かに落ち着いて考えたり想ったりすることはできないと思うのです。日本人は本来、禅・茶道・華道・書道・能・雅楽と、思いつくだけでもこれほど本質的な心のゆとりを求め、芸術にと創り上げてきた民族なのです。現代の社会生活で、日本人はもう一度文化の大切さと意義を考え直し、芸術と日常生活をもっと密接に近づけていくことが必要だと思っています。

唐津の海で

第5章　出会い

ゴルフの楽しみ

子供の頃は野球、ベルリンでは冬にインドアでもできるテニスをしていたのですが、30代後半からはゴルフを始めました。

当時、年間4カ月はカナダに滞在していましたので、時間的にも余裕がありました。夏場は夕暮れが9時半くらいですから、リハーサルを終えた夕方からでもコースを回れるのです。カナダのように安くて手軽にゴルフができるところで始められたのは幸運だったと思います。

北米のゴルフクラブはファミリーで楽しむためのクラブライフが充実していました。レストランには有名なシェフがいたりして、ディナーだけを楽しみに行く場合もあるほどです。親しい家族とのゴルフとディナーは、休日の楽しみのなかで一番の気分転換でした。海外では演奏旅行のたびに、コンサートの翌日にはアメリカやカナダ、ドイツ、ロンドン、パリ郊外など、各地のゴルフ場を訪れることができました。新型コロナウイルスのために今は中断しておりますが、後援会の方々との交流コンペが各地で定期的に行なわれ、毎回楽しみにしています。賞品として、自家製のお米や日本蜜蜂の蜂蜜、唐津焼の陶板など自作のものを出していて、なかなか好評です。また、鈴与会長の鈴木さん、矢崎総業会長の矢崎さん、常石造船社長の神原さんご夫妻とのゴルフと交流会では、ハワイなど各地でプレーさせていただきましたが、コロナ時代にはとてもつくれない貴重で大切な思い出になりました。

プロのプレーヤーとのエピソードとしては、ジャック・ニクラスがハウステンボスで会員のためのラウンドをやってくれた時に、付いて回りながらプレーを見せてもらったり、芥屋ゴルフ倶楽部でタイガー・ウッズのプレーも見たりしましたが、プロのスイングやプレーは全く次元が違います！　いい体験になりました。ゲーリー・プレーヤーのチャリティーコンペに招待されて1ホール一緒にプレーした時は、このホールでバーディーで勝った記念にと、サイン入り写真をもらいました。彼はボランティア活動も大変活発にされていて、まったく年齢を感じさせない元気さに、さすが素晴らしいゴルファーだと感じました。彼の名言集もおすすめです。しかも彼はベジタリアンでした！　僕も健康と体力を維持するために、楽しみながら運動を続けたいと思います。

「ゴルフダイジェスト」の取材で

カナダのゴルフクラブにて

クリスタル・ハーモニークルーズ

郵船クルーズ社長の岡部稔さんから「クリスタル・ハーモニー」の処女航海にご招待いただいて、思い切ってコンサートのスケジュールを空け、初めてのクルーズ旅行に参加しました。船内では、鈴与会長の鈴木与平ご夫妻、矢崎総業会長の矢崎裕彦ご夫妻との出会いがありました。8日間毎日のアクティビティや会食をご一緒に過ごして、初対面ながらお人柄の良さに引き込まれ、以来35年あまりも素晴らしい時をともにしていただいております。

皆さんご夫妻ともにゴルフに熱心でワインが大好き。皆で旅行した際には、ソムリエの資格までお持ちの鈴木夫人がパリの三ツ星レストランでもワインをセレクトされて、共通の楽しみにいつも盛り上がります。

鈴木与平さんと矢崎裕彦さんの同級生である、常石造船社長の神原真ご夫妻を交えて、四夫婦での交友が続いてきました。皆さんクラシック音楽の愛好家で、僕のコンサートを各地で聴いていただき、コンサートの主催などメセナ活動を通じてオーケストラを応援してくださいます。

この方々が機会あるごとに魅力的な方をご紹介くださるので、さらに交流が広がっていくのですが、職種も年齢もさまざまでありながら、人としての音色が共通しているのです。経営トップとしてのお話や経験は指揮者の立場と通じるものが多く、いつもゆっくりご一緒するたびに勉強になり、尊敬の想いが深くなります。このクルーズからは、生涯につながる「クリスタルハーモニー」が生まれました。

シャトレーゼホールディングスの齊藤寛会長と貴子社長とのお付き合いもそのように始まりました。齊藤寛会長は大先輩のゴルファーとしても、素晴らしいお手本を見せていただいています。エイジシュートを40回以上も達成され、記録を積み重ねられる姿を見ては心強く思っています。齊藤会長には、共通の友人であるフランス料理シェフの嶋村光夫ムッシュのおすすめで、東京都交響楽団の演奏会もサポートしていただいています。演奏会に来場された一人ひとりの思いに心を寄せ、音楽の感動とともにシャトレーゼのお菓子を持ち帰っていただくというご配慮にも感服しました。温かな方々との交流に心から感謝しています。

クリスタル・ハーモニーの甲板で

四夫婦で（御殿場の矢崎さんの一休荘にて）

人生の先輩

食卓芸術サロンを主宰されている今田美奈子先生は、家族ぐるみでお付き合いしている桑内さんからご紹介いただきました。今田先生はフランスに長くおられたので、音楽にも理解が深く、コンサートは機会あるごとに聴いていただいてお話を伺います。湯河原にお持ちの別荘「銀河館」は、ジョサイア・コンドルの日本最初の西洋建築である有形文化財で、「銀河館」をはじめ日本各地で食卓芸術の展示会や講演等で活躍されています。今田先生がフランス芸術文化勲章を受章された際の記念パーティーには、発起人の一人として出席し、ムッシュこと嶋村光夫さんをご紹介いただきました。

ムッシュはロイヤルパークホテルの元総料理長で、中村調理製菓専門学校でフランス料理の特別講師を長年務められたフランス料理界の大御所です。やはり音楽に関心をお持ちで、早速コンサートに来ていただきましたが、すっかりオーケストラを気に入られ、「もっと勉強したいので教えてください」とのお手紙を頂いたのには驚きました。その後、フランス料理は自分が案内するからと、「ジョエル・ロブション」や「マキシム・ド・パリ」などにたびたびご一緒し、フランス料理の楽しみ方を教わりました。日本中のシェフのほとんどがムッシュ嶋村のお弟子さんなので、ムッシュがいつ、どこのレストランに行かれるらしいと、数日前からシェフの間で話題になっているようで、ご一緒するレストランではシェフ、ソムリエ、ギャルソンに至るまで最高のおもてなしを受けました。

ムッシュからは折にふれ、人生訓の書かれた色紙やお手紙を墨書で頂きました。「この邂逅(かいこう)は神が授けてくれた宝物です」というお手紙からは、これまでも、そして今も、自分にとって「宝物である邂逅」のいかに多いことかを教えられました。今田美奈子先生は幼少の頃に想像を絶する生命の危機を乗り越えてお元気になられ、国際的にご活躍された稀有な存在です。このような生命力の輝きを間近に見せていただくことは、本当に力になり心強い思いがします。超一流の方の感受性と精神力から多くを学ばせていただきました。ムッシュ嶋村の一周忌になりますが、頂いた教えはこれからも身近にあり、感謝と尊敬の念を捧げたいと思います。

静心
邂逅＝偶然の出会いで
すばらしい楽しい一夜を
ありがとう御座居ました。
来年は私が御招待させていただきます。
小泉様へ
光夫

今田美奈子先生のフランス芸術文化勲章受章パーティー（左）、ムッシュ（嶋村光夫さん）から頂いた手紙

音楽のパワー　パブロ・カザルス

ベネズエラ交響楽団に客演する機会があり、カナダからベネズエラに入り、首都カラカスに2週間ほど滞在していました。次のコンサートまで二、三日の休みが入ったのでこの機会にとプエルトリコまで足をのばし、20世紀を代表するチェロ奏者パブロ・カザルスの晩年の住まいを訪ねることにしました。カリブ海に浮かぶこの島は豊かな自然に恵まれた風光の地で、海で泳ぐと美しい熱帯魚が寄って来ました。カザルスが通っていた教会には毎朝弾いていたというチェロが飾られ、静かにバッハの演奏が流れていました。

コロナ禍のなか、初めて経験するこの長い休日に、バッハを、カザルスを、オーケストラを毎晩聴いて過ごしましたが、マエストロ・カザルスを近くに感じた30年も前のこの時の感銘が想い出されました。また、これも初めての経験でしたが、聴衆として聴くことで、癒しとともに内面の力を得ることができました。演奏も生活も、本質的に大切なことは何かをあらためて考えさせられた時期でした。しばらく休むということにも、また大きな意味があります。感受性が高まり、白紙の状態で芸術の本質に触れることができるのです。オーケストラの演奏や音質も、コロナ以前とは心構えの違いからはっきりと差が出ています。

カザルスはスペイン激動の時代を生き抜いて、生涯をかけて音楽によって自由と平和を訴え続けました。カザルスの演奏から、覚悟や決断力の強さ、人間力の偉大さに励まされたように、クラシック音楽には人はあらゆる困難を乗り越えられるというメッセージが確信をもって表現されています。災害や感染症においてもしかりです。カザルスは自然を師とし、イマジネーションの源泉だと告白しています。カザルスが言うように、「自然も人の生命も音楽も宇宙の神聖なる奇蹟」なのです。

第6章　音楽・人生観

ベートーヴェンの音楽

ベートーヴェンはオーケストラや指揮者にとって聖典のような存在です。皆知っているようで、音楽家たちにとってはそう簡単ではありません。音符だけ見ればそうは難しくないけれど、意味を考えると、ものすごくいろいろなものが詰まっています。ベートーヴェンの音楽には、向き合うたびに自分の足りないものを突きつけられるような感覚があります。いわゆる到達点が非常に遠いのです。特に、内なる感情や葛藤、意志を投影した交響曲は実に雄弁で、多くのことを語りかけてきます。こちらに探究心や情熱がある限り、どこまでも自分自身を高めてくれる。そんな作曲家をベートーヴェンのほかに僕は知りません。

『交響曲第9番』は若い頃から40年以上、毎年のように振ってきましたが、これで完成した、掌中に収めた、などと思ったことは一度もありません。何が難しいか。それは「技術」的な問題ではもはやなく、楽曲全体を通してベートーヴェンの意志をいかに伝えるかという「構成力」に尽きます。フレーズの一つひとつに至るまで、どう解釈しどう表現すればベートーヴェンに近づけるか。終わりのない挑戦です。

苦しみから喜びへと向かう壮大なテーマの「第九」。苦悩の人生を送ったベートーヴェンは、あらゆる困難を乗り越えれば、その先に明るい世界があると音楽で示してくれました。本来ならば10年に一度くらいで演奏したい大切な曲ですが、「第九」で一年を締めくくり来年に向けてエネルギーを得たいという気持ちはよく分かります。実際、世界中の人の心を動かす力を持った作品ですから。

面白いのは、人生の局面や心の状態によって、作品の受け取り方は変わるということ。聴き手のいまを映し出すという一面も、この作品にはあるのだろうと思います。思えば、２００年も前に生まれた音楽から、現代を生きる我々が力をもらうというのは、とてつもないことです。ベートーヴェンは自然と対話している。自然の中で、自然と対話しながら生きていくことの大切さを教えてくれる。もしベートーヴェンという灯がなかったら、この世界はいまさぞかし寂しいものになっていたことでしょう。

写真撮影／堀田力丸（提供／東京都交響楽団）

東京都交響楽団「第九」公演。満場の聴衆を迎えて（2014年12月26日サントリーホール）

尽きることのない感動の泉

音楽には人としての美しい心、歓びと悲しみ、決断力、不屈の精神等、人間の価値を感じるさまざまな心が表現されています。人の心にはこれほどのやさしさがあるのだと強く感動したり、まさに神が舞い降りたかと感じる瞬間や、ホール全体が宇宙に浮き上がったような感動を体験したり、日常の生活だけでは得がたい貴重な体験が勉強になり、今の自分を創ってくれたと実感しています。

クラシックの音楽には、作曲家が自然から受けた感動が表現されています。自然と共に生活していると、たとえばベートーヴェンが自然の中で受けた感動を田園交響曲に作曲しているということが、はっきりと実感できるのです。忙しく生活しているとまず見過ごしてしまうような美や感動を凝縮させ、かたちにして目の前に示してくれるのが芸術です。だから、音楽の神髄を演奏するためには、自分が自然に即した心の状態になる必要があると思うのです。こうした芸術の持つ輝きに触れることで、人は慰めを得たり、決断力を得たり、苦難から立ち直ったり、最高の至福を感じたり、その人のその時々で、芸術を通してこれまで気が付かなかったさまざまな宝物の輝きを実感するのです。

最高の演奏を形容する「シュテルネシュトゥンデ（星の時）」という言葉があります。コンサートの最高の状態とは、作曲家の心である音楽、演奏者、聴衆の三者が共感して共鳴する、まさに「星の時」の状態です。人は自然と一体化して、自分の存在が自然の一部であることを実感した時に、至福感を得ることができます。自然と一体化するだけです。余計なことはいらない。余計な解釈もいらない。自分がどうしたいというような気持ちはやはり音楽を邪魔するだけなのです。

演奏によって音楽を生かすべく、人として普遍的に作曲家と共鳴するものを感じ取り、音楽がどうあるべきか探求を続け、自分がかつて経験したように、ホールの中で「一人でも人生が変わるほどの経験をしてもらえたら」という想いでコンサートに臨んでいます。

写真撮影／堀田力丸（提供／東京都交響楽団）

サントリーホールにて（2015 年 7 月 19 日）

音楽の感動を伝えて

音楽は言語や文化、社会や時代の違いを超えて、そのまま胸のうちに入り込み、心を揺り動かします。それが音楽の素晴らしさです。音楽から受けた感動は記憶の奥に刻まれ、ずっと残るものだと思います。ときにそれは人生さえ変えてしまうほどの力を持っています。指揮をすることは、演奏を合わせるために拍子を振ることではなく、音楽の中にある本当の意味を再現して皆さんの心に届け、響き合うことだと思います。ですから、僕の音楽へのアプローチはいつも作曲家の音楽をできる限り「そのもの」に近づいた演奏で再創造したいというものです。自分のやりたいことをやるのではなく、その音楽という同じ目標に向かって、オーケストラと全員で全力を発揮していけるようにと考えています。

現代の社会状況はとても複雑で混沌としています。経済的物質的な面では確かに昔に比べると発展し恵まれています。しかし、精神的な面では必ずしも同じようには扱われてきませんでした。むしろ放っておかれたために、ずっと遅れてしまって、バランスがとれず、日に日に崩れていくように思われます。そんな時代だからこそ、僕は音楽芸術が必要であり、人々の精神を立ち直らせてくれるものだと思うのです。

楽しむこと、感動するということは、健康にとって大変重要だと医学的にも証明されています。クラシック音楽は風や波など自然の音と同じで、超高周波を含む響きが脳にエネルギーを与えます。リラックスして音の波に浸ることで身体は自然のリズムを取り戻し、右脳を活性化して、現代人が普段から酷使している左脳を休め、リフレッシュさせます。また、心身の健康増進や活力を生み出すだけでなく、芸術に触れることで至福の体験を得ることもできるのです。

ピアニストであり作曲家のフランツ・リストが語っていた「音楽は人々を救うもの」という言葉は現代にこそ必要で、音楽は人間らしい心が失われないために、人としての美しい心を救うために与えられたもの、緑のオアシスとして存在します。そして、マエストロ・カラヤンが話していたように「音楽はわれわれ人間を高みへと引き上げてくれるもの」、心を高めてくれるものなのです。

僕はクラシック音楽の素晴らしさと必要性、重要さを機会があるたびに伝えて、もっともっと多くの人に音楽の恩恵を享受していただきたいと願っています。芸術という人間にしかできない、人にとって最も大切な「人間性を高めてくれる文化」を失うことがないように受け継いでいきたいと思うのです。

写真撮影（上）／藤本史昭（提供／東京都交響楽団）

終演後の拍手の中、舞台を歩む筆者（2018年5月28日東京文化会館）

床の間に飾った恩師山田一雄先生の書。「楽即仏」と記されている

感動が人生を豊かに

臨済宗相国寺派大本山である相国寺の有馬賴底管長は、芸術文化の守り手として知られていますが、実は幼少の頃からクラシック音楽を愛聴されていることを伺いました。知人とコンサートに来ていただいて以来、京都だけでなく、びわ湖や東京でのコンサートも聴いていただくようになり、ゆっくりとご一緒できる機会も増えて、お会いするたび長年のご経験など心を打たれるお話を伺います。

また、相国寺の境内にある相国寺承天閣美術館で素晴らしい国宝を見せていただいたり、銀閣寺のお茶室を500年ぶりに改修されて、そこで催された貴重なお茶会にお招きいただいたりと、まるで別世界のような最上の芸術を拝見し、ありがたい体験をしました。

管長は幼少の頃に親元を離れ、８歳でお寺に入り修行されていたのですが、戦後間もない当時、ラジオ放送で聴いた音楽に大変感動されたそうです。その音楽がベートーヴェンの「運命」だと分かるとすぐにレコードを手に入れ、何度も何度も聴いて力を得られたという有馬さんのお話は忘れることができません。幼少時の孤独で過酷な環境に立ち向かい、乗り越える力をベートーヴェンは与えてくれたのです。

交響曲第５番「運命」をめぐっては、福岡の心強い支援者であった三洋信販創業者の椎木正和さんも、この作品から影響を受けたと伺いました。かつて結核が「死の病」と恐れられていた時代、結核病棟の病床で過ごしていたなかで、ラジオから流れる「運命」を聴いて、生き残る意欲を得られたとおっしゃっていました。

椎木さんは２０１６年７月に逝去されるまで、九州交響楽団と僕のために毎年チャリティーコンサートを主催してくださり、楽器などのご寄付を頂きました。また、九響の危機に際してご相談したところ、すぐに多大な支援を頂き、救ってくださいました。このほか、九州大学にオーケストラが演奏できるコンサートホールを併設した「椎木講堂」を寄贈するなど、音楽芸術に心を尽くし、多大な貢献をされました。

このように、自分以上にクラシック音楽の力を体験された方々のお話を聞くと、自分の覚悟と真剣さはまだまだ足りないと思うのです。一度の感動がその人の一生に影響して、クラシック音楽を愛聴し、また応援してくださることに繋がっていたのです。

床の間に飾った有馬頼底管長の書。オーケストラを「秀でた者の集まり」として「聚秀（シュウシュウ）」と記されている

音楽を聴いてみる

人は日々変化して生きていますが、自分自身が何からどんな影響を受けていて、どう感化されているのかを意識しているでしょうか。自分の望む自己を形成するために、必要なものを自覚して接していくことが大切だと思います。音楽がどれほど人間を助けてくれるか、子供たちの情緒を育み、薬にも栄養にもなって、どこまでも能力を向上させてくれる、これほど素晴らしいものに目を向けて、気付いていただければと心から願っています。

せめて一年間、機会あるたびにコンサートホールでオーケストラの音楽を体験していただきたいと思っています。人が平和と安全、健康と幸福を求めているという原点から、現代社会で何が最も大切で、何が求められているのかは明白です。音楽には、闘争や対立、奪い合いなどはありません。音楽で体験するのは、調和（ハーモニー）、協調、対話、共鳴など、心にふれる感動と至福です。「悲しみも音楽では美しくなければ」とはモーツァルトの言葉ですが、苦悩や葛藤もまたしかりです。

音楽を聴く時には、意識を閉じて雑念のない白紙の状態になり、全身で聴くことで、音楽の最大の恩恵を受けることができます。こうした精神的な歓びは、他の喜びや楽しみと違いブレーキのかからないもので、無限にどこまでも深く高めていくことができます。

コンサートに行く際は、できればチャイコフスキーの響きやモーツァルトの響きといった音楽のイメージを、まず自分の中に育ててから聴きに来てほしいと思います。ＣＤやラジオで曲を予習することで、初心者もオーケストラの響きを主体的に聴き分けることができるようになります。録音を聴くのが「理解」なら、生演奏を聴くのは「体験」です。

音楽を聴くということは、理解することが目的ではなく、生きた音楽を聴くという体験をすることが大切なのです。表現されたものから何を感じるかは、聴衆の方それぞれ一人ずつのものです。音楽は自分が聴いて感じるまで十分。音楽を聴くという体験を積み重ねていけばいいのです。大人になっても心の自然だけはできるだけ失わないように、素直な心、純真な心に戻るほど音楽への感受性が高まり、感動も生まれるのですから。

写真撮影／堀田力丸（提供／東京都交響楽団）

東京芸術劇場にて（2017年11月30日）

リヒャルト・シュトラウスの音楽

カラヤンさんは若い頃にウィーンで作曲家のリヒャルト・シュトラウスに接し、そのことがカラヤンさんの音楽性に大きな影響を与えていました。シュトラウスの交響詩『ツァラトゥストラはかく語りき』の冒頭では、トランペットのファンファーレにオーケストラ全体が呼応しますが、カラヤンさんは実際に楽譜に書かれたよりも短く演奏させ、これはシュトラウス自身に尋ねてＯＫをもらったやり方だとベルリン・フィルに説明していました。作曲家の解釈がカラヤンさんの中に生きているからこそ、強い説得力がありました。

カラヤンさんとベルリン・フィルのコンサートで最も印象的だったのが、やはりシュトラウスの『家庭交響曲』です。聴衆は総立ちになり、会場全体が何ともいえない雰囲気で満たされていました。カラヤンさんは『家庭交響曲』の最後で急激なリタルダンド（だんだん遅く）をかけ、これがすごい迫力でした。オーケストラの能力を最大限に引き出した華麗な響きに圧倒されました。シュトラウスの音楽はオーケストラが優秀であればあるほど良い音がする。そんな体験が焼き付いているので、いつかは自分もシュトラウスの理想的な響きを実現したい、それが指揮者としての目標の一つとなり、節目のコンサートでもたびたび取り上げています。

シュトラウスの交響詩『ドン・キホーテ』は、僕も過去に何度もやっている作品ですが、この曲も終わりの部分の持って行き方が何とも難しい。言おうとしても言えない、指揮をしようとしてもできない、何か他からの力でないとできないような、そんな感じなのです。しかし、飛騨古川の山里で眼前に広がる山々の夕映えをじっと見ていると、何だかできそうな気持ちになってくるのです。そう、きっとできる、何かがやらせてくれる、この土地は何かそういう力を与えてくれる場所のようです。希望と理想は、強く念願し、確信をもって行っていくことで実現していきます。これからの音楽世界の発展に大きな夢を持って進んで行きます。

写真撮影（上）／堀田力丸（提供／東京都交響楽団）

R. シュトラウス『家庭交響曲』（2016 年 1 月 12 日東京文化会館 東京都交響楽団第 800 回定期演奏会）第 600 回・第 800 回と節目のコンサートで同作品を取り上げている

都響第 600 回定期演奏会終演後のパーティーで、指揮者のジャン・フルネ（右）、都響コンサートマスター 矢部達哉（左）と（2005 年 1 月 21 日）

第7章　邂逅と未来への道

ザルツブルクは第二の故郷

春が訪れる頃、復活祭音楽祭が始まる前の静かなザルツブルクに毎年滞在していました。夏の音楽祭でデビューしたり、ザルツカンマーグートの美しい湖や風景、音楽の街らしい市内の佇まいとともに、たくさんの思い出があるザルツブルクが大好きでした。

ワーグナーの設計したオペラ劇場「フェストシュピールハウス（祝祭歌劇場）」に毎日通い、カラヤンさんの有能なスタッフのマットーニさんや秘書のザルツブルガーさんと日々あいさつを交わし、向かいのカフェの店主と親しくなって、思い出の品をもらったりしたこともありました。

マエストロ・カラヤンは、１９８９年７月に亡くなられました。ザルツブルク復活祭音楽祭がベルリン・フィルを指揮した最後のコンサートになりました。

僕達もカナダから聴きに来ておりました。ヴェルディの『レクイエム』の公演では、演奏の冒頭であまりの緊張感と集中力に、ベルリン・フィルのメンバーの弓を持つ手が皆震えているのです。こんなことは初めてでした。その恐ろしいほどの緊張感は、全曲が終わった時に、「こんなレクイエムを振ったら、カラヤンさんはどうにかなってしまうのではないか」と不安な思いがしたほどでした。レクイエムなので拍手はなく、マエストロは舞台から静かに去って行かれました。その夏の訃報でした。

２０１３年5月には、長年の思いだったカラヤンさんのお墓参りがやっと果たせました。生前からの本人の希望によって、カラヤンさんは家族と暮らしていたアニフの教会に埋葬されています。美しい装飾の小さな教会にはバッハが流れ、楽壇の帝王として知られたカラヤンさんのお墓としては本当に素朴で、いつも僕を気にかけて導いてくれたカラヤンさんの優しい心そのもののようでした。

このアニフへの旅は、チェコとスロヴァキアへ僕のコンサートを聴きにいらしていた鈴与の鈴木与平ご夫妻、矢崎総業の矢崎裕彦ご夫妻とご一緒し、オーストリアまで足を延ばしてみようと計画したものでした。皆さんをカラヤンさんのお気に入りのレストランなどに案内し、愉しい時を過ごしました。思い出の古城のホテル「シュロス・フシュル」に滞在し、フシュル湖が目の前に広がる素晴らしい眺めに若い頃の感動がよみがえりました！　ぜひまた訪れたいと思います。

カラヤンさんの眠るお墓に佇み

鈴木ご夫妻、矢崎ご夫妻と（ザルツブルクのミラベル宮殿の庭園で）

古希祝いの粋な計らい——東京都交響楽団

終身名誉指揮者を務める東京都交響楽団とは27歳の初共演以来、40年以上の時をともにして音楽創りをしてきました。２０１９年10月16日、僕の70歳の誕生日当日に都響の定期演奏会がサントリーホールで企画されていました。

この日のプログラムは、ブルックナーの交響曲第7番と、ワーグナーの『ジークフリート牧歌』です。かつて、カラヤンさんがベルリンフィルでブルックナーの7番を振った際、翌日の新聞に「シュテルネシュトゥンデ（星の時）であった」という批評が出たのをよく覚えています。まるで星空に包まれているかのような、宇宙を感じさせるひとときであった、と。

ブルックナーの音楽というのは、その神髄に触れたとき、次元の違う遠い世界へと聴き手を誘ってしまうほどの力を持っているのです。ブルックナーはワーグナーに心酔し、ワーグナーもブルックナーの才能を認め、交流のあった二人の音楽もまた互いを引き立て合うと思いました。『ジークフリート牧歌』は、ワーグナーが妻コジマの誕生日に捧げた作品です。誕生日の朝、寝室前の廊下に十数人の奏者が集ってこの曲を披露したといわれています。この2曲は僕にとっても特別なプログラムで、心から振りたいと思った音楽でした。

いつも僕を応援してくださる方々も含めて、演奏会には大勢のお客様が来場され、サントリーホールは満員でした。演奏後の拍手のなか、なんとオーケストラの一人が『ハッピーバースデー』を演奏し始め、徐々に演奏者が加わって音楽が大きくなり、最後はフルオーケストラの演奏に合わせて客席のお客様も一緒に歌ってくださいました。全くのサプライズでした。オーケストラが退場しても拍手が続き、感謝で胸がいっぱいになりました。誕生日の思い出として、これ以上のものはありません。

「公演後には、僕を応援してくださる「泉の会」の方々が主催して古希祝のパーティーを開いていただきました。大型台風の直後でしたが、全国から121人もの方々が集まってくださいました。発酵学の第一人者の小泉武夫先生や、食卓芸術サロンを主宰されている今田美奈子先生など、親しい方々から印象深いスピーチを頂いて、コンサートとともに感謝と至福の一夜でした。

思えば、60歳の誕生日にも「華甲（還暦）の会」としてサプライズパーティーが企画されていました。帝国ホテルの光の間に入った瞬間スポットライトがあたり、お祝いに訪れてくれた広間いっぱいの人々を目にした時の驚きは忘れられません。特に、都響の首席奏者が登場したカルテット演奏には心底驚きましたし、胸を打たれました。

写真撮影（上）／堀田力丸（提供／東京都交響楽団）

古希のコンサートで。東京都交響楽団のメンバーとお客様の温かい拍手に包まれたカーテンコール

「華甲（還暦）の会」としてサプライズパーティーを開いていただいた。お祝いに訪れてくれた広間いっぱいの人々を突然目にして

指揮者のよろこび

どの演奏会も自分のベストを尽くしておりますが、それが最高の出来映えであるとはまだ思いません。一生かかってそれを追求していく、そのような仕事ができて幸福です。指揮者として音楽を一生の仕事にできたことは、好きで始めた道とはいえ、年を重ねるごとにその重要さ、貴重さ、素晴らしさをますます実感し、この仕事につけたことをありがたく思うとともに、責任の重さに身が引き締まる思いがします。

演奏会で創り上げた音楽は、聴衆の皆さんの心に直接語りかけることであり、その影響ははかりしれないものがあります。意識に語るのではなく心に語りかけたものは、時として一生その人に残るものです。良いものを創り上げられれば少しでも人々の役に立てる、このことは最大の喜びです。長年応援してくださっている方も多いですから、やはり格別の親近感がありますし、最近は年齢のせいか、「まだまだ頑張りなさいよ」というあたたかいエールのようなものも感じます。そういう皆さんの存在こそがやる気の源で、いつも力を頂いています。コンサートホールにいらっしゃるお客様がどんな日々を送り、どんな思いで演奏を聴いているのか、僕には分かりません。でも時折、「勇気が湧いた」「気持ちが慰められた」といった声や、「音楽の力を得て難病を克服できた」といった話を耳にすると、音楽の持つ影響力にあらためて責任を感じますし、音楽家として生きていることを幸せに思います。自分がそうであったように、皆様からも様々な感動体験を聞くたびに、音楽のパワーとやりがいを感じるのです。

オーケストラというのは、年齢、性別、性格、育ってきた音楽環境が全て違う人たちの集まりですが、全員が心とエネルギーをひとつに合わせて音楽を創り出していく、それがオーケストラの醍醐味です。指揮者はひとりでは何も音を出せませんが、こうしてオーケストラとともに演奏し、素晴らしいシンフォニーが生まれたときの喜びは、苦労を忘れさせてくれるものです。人の社会も同じではと想い、そう願う今日(こんにち)です。

「華甲（還暦）の会」で東京都交響楽団の首席奏者によるカルテット演奏を聴く

三菱 UFJ フィナンシャル・グループ会長の平野信行ご夫妻（左）、元経済産業省事務次官の望月晴文ご夫妻（右）と。３人とも同年生まれで、お二人はともにクラシック音楽愛好家。

泉の会と福岡後援会

「泉の会」は、僕を応援してくださる方々がつくってくださった後援会です。会長である相馬健夫さんとは、カナダのウィニペグ交響楽団で音楽監督を務めていた時期からお付き合いが始まりました。相馬さんがトロントの第一勧業銀行の頭取でいらした頃にお会いして、コンサートのたびにホームパーティーを開いてトロントの皆様をご紹介くださいました。相馬さんはその後、ロンドンへ赴任されたのですが、僕もロイヤル・フィルハーモニー管弦楽団の客演に定期的に招かれたので、ロンドンに滞在するたびにお会いして、そのうちに後援会を作りたいのですが、とのご相談を受けたのです。

それ以来、東京では、特許庁の審査官を経て弁理士としてご活躍の沼形さんご夫妻が会長となって、ロンドンやトロントの日本人の方たちも含めて、日本全国の皆様と親しくお付き合いが始まりました。クラシック音楽を心から愛されている方のお話は大変貴重で、人としても勉強になることが多いのです。特にコンサートを聴かれた感想をじかに熱く語ってくださるのを聞くと、また次のコンサートへのモチベーションが高まるのです。

福岡後援会は、九州交響楽団の首席指揮者に就任したことを機に、京都大学教授の矢野暢先生のご紹介で、はせがわ会長の長谷川裕一さんと井上喜会長の井上義弘さんのもと、福岡の100社を中心として1990年に発足しました。年に2回のミニコンサートやゴルフコンペ、日本各地へのコンサートツアーと活動が続いて、福岡にシンフォニーホールをとの念願も実現し、昨年活動30周年を迎えました。中村学園理事長の中村量一さんが長年事務局として支えてくださるおかげです。

今年は指揮者としてコンサートデビューしてから50周年になります。この年齢になって勉強を続けるのは容易ではありませんが、皆さんが期待してくださり、叱咤激励して応援してくださる方がいらっしゃると思うと、もっと勉強しようという気持ちになります。お褒めの言葉も頂きますが、次にはより一層頑張らなければなりません。皆さんの応援に応えられるよう、さらに進んでいきたいと思うのです。

泉の会の皆さんが開いてくれた古稀祝いのパーティー。プレゼントのジャケットを着て（2019年10月16日アークヒルズクラブ）

邂逅と未来への道

指揮者―マエストロ―への道は、遠く時間のかかるものです。演奏するということは、音楽によって聴衆の方の心に語りかけることだと思っています。いつもコンサートを聴きに来てくださる「泉の会」や福岡後援会の方とは、こうして30年以上も心を通わせ、親しいお付き合いが続いて来ました。会の集まりでは、皆さんがクラシック音楽という共通の楽しみを通じて響きあい、調和しておられて、本当に見事だといつも感心させられております。素晴らしい人間関係が邂逅(かいこう)により生まれているのだと思います。

また、驚くほど何かの縁のある方が、次々と偶然に集まって来られます。邂逅によって世界が広がるのです。芸術文化振興と地域創生の志をともにして人々の輪が広がり、後援会を通してまた思いがけない巡りあわせが生まれていくことに感謝するばかりです。

泉の会のメンバーの江坂元穂さんは大和証券の社長を務められた方で、僕が30代の頃からコンサートを聴いていただき共鳴してくださっていますが、40年以上にわたる僕の記事やインタビューなどを収集して、ご自身で本にしてまとめてくださいました。今回のような連載は、この江坂さんの資料なくしては到底お引き受けできなかったのです。連載への準備で、これまでの色々な足どりを思い出させていただき、心から感謝の思いが湧いてきます。

また、常にお世話になっている身近で貴重なスタッフの方々には、今回も全てに親身になってお世話していただきました。かつて、カラヤンさんから「マエストロには一人ではなれないものだ。周囲にベストなスタッフがいなくては」と言われたことを実感しています。

大きな道に導かれて、生涯ただ真っすぐに前を向いて歩き続けてきた自分でしたが、その時々に支えられたものがあり、この道を進ませてくれたのです。その全てにあらためて感謝し、未来への道を変わらず進み続けたいと思います。

写真撮影／堀田力丸（提供／東京都交響楽団）

終演後も止まない拍手の中で。この道へ導いてくれた全てに感謝（2019年10月16日サントリーホール）

あとがき

中部経済新聞から思いがけず連載の依頼を受けましたが、連載期間が長く不得意でもあり、自分ではとても無理だと思いました。ところが、コロナ禍で長い休日となり、長年の手記や取材記事をまとめていただいた書誌もあったことから、結局お引き受けする事態になったのです！　連載が始まると次々に反響があり、皆さんにこれほど喜んでいただけるとは…！　この冒険をやってみて、驚くと同時に本当にうれしく思いました。また、今年でちょうど指揮者デビュー50周年となり、これまでを振り返る良い機会にもなりました。企画していただいた方々、連載完結までご協力いただいた皆様に、心より感謝の想いを捧げます。お世話になり本当にありがとうございました。

令和3年12月吉日　　筆　者

巻末写真集「三匹の子犬」

ジローとココが来てからは、わが家のアルバムは愛犬の写真集になりました。古川の家で、夜更けに森の方から何かケモノのような啼き声が聞こえてきて、動物がワナにかかっているのだろうかと夜明けに助けに行ってみると、隣家の裏山の小屋に子犬が繋がれていたのです。お隣の方が前日に子犬をもらったもののの、犬を飼ったことがなく育て方も分からずに小屋に繋いでおいたので、夜中に子犬が寂しがって泣いていたのでした！　そうして預かったのがジローです。

このジローが居ついて2年後、今度は唐津の公園で、まだ赤ちゃんだった幼犬のココに出会いました。手のひらに乗るくらい小さかったので、演奏会のたびにショルダーバッグに入れて、あちこち一緒に移動しました。古川ではジローが、唐津では隣家の友犬のシロが、上手にお世話をしてココを育ててくれました。シロもまた道で出会い、車の後について来るので、結局お隣に飼ってもらった子です。ココは本当にかしこい子で、皆に可愛がられ、古川の子供たち13人はついにファンクラブまで作り、東京と九州の子供たちも加わって、ココを中心にしたお友達仲間は全国に広がりました。

ココが18歳7か月で亡くなり、その3年後に出会ったのがマークで、珍しいブルーマールの純血種です。道路を走行中に車の前に犬を発見！　驚いてすぐに交通を止めて保護しました。ココが引き合わせてくれた縁だと思い、その数カ月後には結局わが家で引き取って一緒に暮らしています。だんだんかしこくなってきて、今ではココかと思うほどになり、唐津の海岸や古川の山里を走り回っています。

バッグからちょこんと顔を出し、楽屋を出るココ
皆に「ショルダーココ」と呼ばれていた

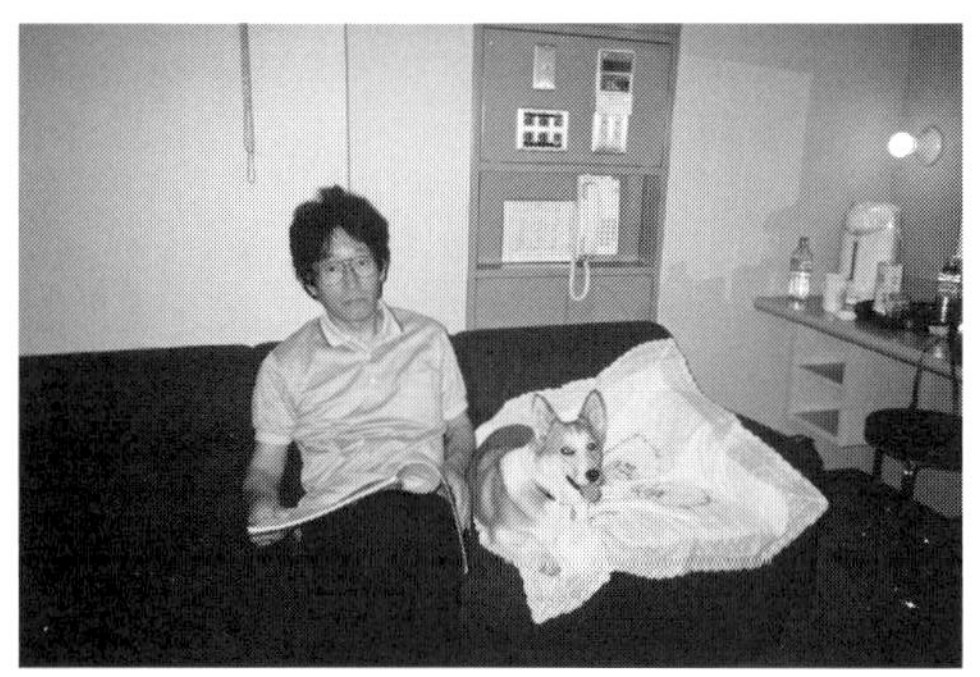

楽屋でも一緒に

ジロー（左）とココ（左）

シロ（左）とココ（右）

ココも田植えや稲刈りをお手伝い

現在は、妻とマークの３人家族

飛騨古川の自然の中で

＊本書は中部経済新聞に令和3年1月5日から同年2月27日まで46回にわたって連載された『マイウェイ』を改題し、新書化にあたり加筆修正しました。

小泉 和裕(こいずみ かずひろ)

東京藝術大学指揮科で山田一雄氏に師事。1970年民音指揮者コンクール優勝、73年カラヤン国際指揮者コンクール優勝。75年ベルリン・フィル定期演奏会に登場、76年ザルツブルク音楽祭でウィーン・フィルを指揮、他にフランス国立放送管、ミュンヘン・フィル、バイエルン放送響、シカゴ響、ボストン響、モントリオール響といった欧米の名門楽団に客演。ロイヤル・フィルとチャイコフスキー後期三大交響曲のCDを完成。新日本フィル音楽監督、ウィニペグ響音楽監督、日本センチュリー響音楽監督、仙台フィル首席客演指揮者などを歴任。現在、東京都響終身名誉指揮者、九響音楽監督、名フィル音楽監督、神奈川フィル特別客演指揮者を務める。
京都市出身。

中経マイウェイ新書 054

邂逅(かいこう)の紡(つむ)ぐハーモニー

2021年12月17日 初版第1刷発行

・

著者 小泉 和裕

発行者 恒成 秀洋 発行所 中部経済新聞社

名古屋市中村区名駅4-4-10 〒450-8561
電話 052-561-5675(事業部)

印刷所 モリモト印刷株式会社 製本所 株式会社三森製本

ISBN978-4-88520-239-1